JN095186

支援困難事例から考える

生活保護ケースワーク

池谷秀登［編著］

日本加除出版株式会社

はじめに

筆者は福祉事務所で約30年間生活保護ケースワーカーや査察指導員として，生活保護行政に携わってきた経験から，生活保護の仕事はやりがいのあるものと感じています。しかし，福祉事務所から大学に移籍した後，各地の自治体の研修講師や研究会等に参加させていただく機会が増えケースワーカーと話をすると，生活保護ケースワーカーだけはやりたくないとの声を多数聞くようになりました。

筆者が福祉事務所にいた頃にも，生活保護ケースワーカーはやりたくないという声はありましたが，近年はより強くなっているように感じています。

ある県での新人ケースワーカー研修では，かなりの人数の受講生がいましたが，ケースワーカーの仕事にやりがいを感じることはなく，早く異動したいとの声ばかりでした。休憩時間に話を聞くと「職員にケースワーカーの希望者がいないので新規採用職員に押し付けられ，３年我慢するように言われています」とのことでした。別の地域では研修終了後の懇談会がありましたが，少なくない人たちから「こんな仕事は本当はやりたくない」，「早く異動したい」と言われました。小規模の福祉事務所の研修では，経験が数年あるケースワーカーや査察指導員が「ケースワーカーを希望する人なんかいるわけがない」「仕方ないので異動まで我慢している」等と口々に発言するので，新人ケースワーカーがどのように感じているのかが気になりました。

この他にも社会福祉士として福祉職で採用されたケースワーカーが，数年経つと福祉事務所から異動するか退職したい，事務職に移りたい等と発言することを何回も聞いています。

全国では仕事にやりがいを感じているケースワーカーも少なからずいるとは思いますが，このような気持ちを持つ人が増加しているように感じています。

その大きな原因に，ケースワーカー＝生活保護行政のオーバーワークとも言える業務量の多さと，生活保護受給者に対する対人支援=生活保護ケースワークの大変さが挙げられると思います。また，ケースワーカーの役割や生活保護ケースワークについて十分に整理されていないことから生じる問題もあるのではないでしょうか。

【生活保護ケースワークの意義と範囲】

生活保護ケースワークについては本書執筆中に外部委託の議論が生じました。この議論は以前からあったようですが，令和元年12月23日の閣議決定「令和元年の地方からの提案等に関する対応方針」では，ケースワークの外部委託が可能な業務は必要な措置を講じ，現行制度で困難なものは外部委託を可能とすることの検討を行うことになりました。

ケースワークの外部委託について，筆者は生活保護の目的である最低限度の生活を保障するためには，ケースワーカーからケースワークを切り離すことはできないことを述べました[1]。しかし，このような議論が生じるのは，生活保護ケースワーカーの業務自体への誤解や生活保護ケースワークが理解されていないからではないかと感じています。

各地の研修では，ケースワーカーに被保護者の入院保証書や手術等の同意書への署名，さらには身元引受を医療機関や施設から求められるとか，銀行からの年金の引出し，不動産賃貸借の保証を要求されるなど，その対応に困っているなどの相談がかなりありました。この他にも通院，入院，転院時のケースワーカーの付き添い，警察が保護した被保護者の引き取り，近隣トラブルの仲裁，孤独死した被保護者の住居の片づけや，家財等の廃棄物処分等についても，ケースワーカーならば対応するのが当然とばかりに要求され，福祉事務所内でも判断に迷い，結局は担当ケースワーカーが行わざるを得ない状況となっているなどの訴えもあります。どこまでがケースワーカーの業務なのかがあいまいなままに，被保護者に生じる問題について，被保護者の

1）池谷秀登「生活保護におけるケースワークの意義と範囲」菊池馨実編著『相談支援の法的構造―「地域共生社会」構想の理論分析』（信山社，2022）99～115頁

家族同様の対応をケースワーカーに求められる場面が多数生じているのです。

筆者がケースワーカー，査察指導員のときにも行政機関を含めた関係者から同じような要求をされたことがかなりあり，ケースワーカーの業務範囲についての整理がされていないことを感じていました。つまり，ケースワーカーの業務とは何なのか，その範囲はどこまでかが明確になっていないということであり，このことは生活保護ケースワークの意義と範囲が明確になっていないことから生じているように思われます。

【支援困難事例とは】

筆者は「支援困難事例」とは，ケースワーカーのオーバーワークとその業務の未整理，さらに支援施策の不十分性から生じていると考えています。これらにより，被保護者の生活課題の大きさに対し支援する側の支援力が対応できずに支援困難が生じているのではないでしょうか。

これらは「専門職」や社会福祉士を導入すれば解決する問題ではありません。ケースワーカーに専門性は必要ですが，社会福祉士に生活保護行政の専門性があるとは限りませんし，専門性の問題を資格や「職」の問題に転嫁してはいけないと思います。

生活保護行政にはケースワーカー・査察指導員のオーバーワークという大きな問題があり，福祉事務所現場ではそちらの方にどうしても目が奪われがちですが，「支援困難事例」とは，オーバーワークも含めて現在の生活保護行政のより本質的な課題を現しているように思われます。

そこで本書では，これらについてケースワーカーをめぐる生活保護行政の経緯と，生活保護行政で「支援困難」といわれる被保護者に対する支援を軸に，生活保護ケースワークとケースワーカーの役割について検討することとしました。

本書は，「支援困難事例」のHow Toやマニュアルを示したものではありません。様々な人が人生を送る中で貧困や不遇な環境により生じる「生きにくさ」や複雑で難しい課題を単純に類型化して「解決」策を示しても，生活保護行政の実務にはあまり役に立つとは思えません。

ケースワーカーが悩む実際に生じている事案では，マニュアルを読んで解決するほど容易なものはあまりありませんし，支援の検討は被保護者やケースワーカーなどの支援者の各状況を具体的に，丁寧な分析をする必要があります。そこでは，時間がかかることがほとんどで，支援を行っても成果が挙がるかどうかは分からないことも多いように思います。

様々な課題を抱えている被保護者に対する支援には，保護費の適切な給付とともにケースワークによる支援が重要と思われますが，実際の現場ではテキストどおりに進むことはあまりないと思います。また，生活保護行政では扶助費を媒介にして，ケースワーカーと被保護者との関係が成り立っていますから，同意を前提として成り立つ医療ソーシャルワーカーや介護保険のケアマネージャーなどとは異なります。

「支援困難事例」とはケースワーカーと被保護者の関係性が壊れている場合，関係性が作れない場合が多いと思われます。そこで，支援を考えるに当たっては主体と客体，その両者の関係性を検討することが重要と考えます。本書では支援する側のケースワーカー視点で検討をしていますから，支援困難事例をめぐっての主体はケースワーカーになり，被保護者が客体となります。客体についての分析は必要ですが，その分析を行うためには，主体の側の状況の認識が重要となります。ただし，この主体と客体の関係は主体が客体に働きかけるだけの一方的な関係ではなく，働きかけに対しての被保護者（客体）の反応（拒まれたり，無視されたり，納得や理解して同じ方向で努力してくれたり）が，主体であるケースワーカーに跳ね返りケースワーカーへの影響を与えることもあることから，相互に影響を与え合う双方向の関係性でもあることに注意が必要になります。

このように，生活保護行政で支援困難と言われる被保護者についての検討に当たっては，被保護者だけの問題ではなく，支援を行うケースワーカーと福祉事務所組織の支援力の問題とともに，生活保護行政の運用自体も検討することが必要であると考えます。

本書の構成は第１章にケースワーカーの現状について担当世帯数の問題，ケースワーカーの被保護者観とケースワーカーを取り巻く環境などを概観し，第２章では生活保護法制定以降の生活保護行政を背景としたケースワーカーと被保護者の関係を検討しています。ここでは，生活保護行政の動向によりケースワーカーの被保護者に対する姿勢が変わらざるを得なくなることが分かります。

この二つの章を受け，第３章ではケースワーカーの支援と支援に当たっての課題，悩みについての事例報告が９件あります。そこでは，被保護者の課題は様々ありますがケースワーカーが支援に当たり共通の問題があることが分かるのではないでしょうか。

最後の第４章では，生活保護行政では重要な要素である生活保護ケースワークとケースワーカーの役割について検討を行っています。

本書の大部分は書下ろしですが，これまでの筆者の考えを踏まえているため既発表論文や研修，各種研究会等での報告を基にして書き直したものがあります。

本書はJSPS科研費JP20K02302，JP19H01420，JP19K02166の助成を受けた研究成果の一部です。

2023年４月

池　谷　秀　登

本書について

[法　令]

文中に掲げる法令については，主に以下の略語を用いました。

法　→　生活保護法（昭和25年５月４日法律第144号）

[事　例]

本書に収録した事例は，対象者が特定できないように加工を加えてあります。

[表　記]

通知・通達等において，旧字体が用いられている箇所は，新字体に改めました。また，現在では適切ではないと思われる表現もありますが，当時の内容どおりとし，あわせて〈編注ママ〉とルビを付しました。

目　次

第3章　「支援困難」者への支援事例とケースワーカーの悩み

第4章　生活保護ケースワークとケースワーカーの役割 —支援困難事例の検討から—

第1章

ケースワーカーのおかれた状況と「支援困難事例」

第1　担当世帯数からみるケースワーカーの業務量

ケースワーカーには業務量の多さと，生活保護ケースワークをめぐる問題があります。

前者については，社会福祉法では所員の定数の標準数としてケースワーカー一人当たりの担当世帯を市部福祉事務所では80世帯，都道府県福祉事務所では65世帯とされています（同法16条）が，被保護者[1)]の増加もあり担当世帯数がこれを大きく超えている場合もあります。ケースワーカーの担当世帯数が多いということは，ケースワークの対象者が多いだけでなく，事務処理などの業務量も増加するということになります。

この問題は生活保護制度ができたときから生じていました。1950年に生活保護法が施行され，1951年の社会福祉事業法（現・社会福祉法）制定により福祉事務所が設置された直後の1953年に，厚生省社会局庶務課編『福祉事務所運営指針』が発行されています。この本のまえがきでは庶務課長熊崎正夫が「解決を要する第一は，福祉事務所の職員の質と量の充実である。」「必ずしも全国的に満足すべき状態になっていない。若（も）しこれを地方公共団体の理事者側の社会福祉事業の認識の低位に期せしめる言葉が聞かれるとするならば，福祉国家の建設を目標とする我国の前途にとつて悲しむべき現象といわざるを得ない」[2)]と述べており，福祉事務所発足当初よりケースワーカーの配置は十分に行われていなかったようです。しかし，その原因は地方自治体側だけの問題ではありませんでした。保護課長の経験者である黒木利克によると，当時公務員の削減を行っている中で行政管理庁長官が厚生大臣を兼任していたことから厚生大臣が公務員（ケースワーカー）の数が増えることに反対しており，また保守系の団体や一部の民生委員，全国知事会も福祉事務

1）法６条では，「被保護者」とは，「現に保護を受けている者」をいい，「要保護者」とは，「現に保護を受けているといないとにかかわらず，保護を必要とする状態にある者をいう」とされており，本書でもこの区分する。

2）厚生省社会局庶務課編『福祉事務所運営指針』（全国社会福祉協議会連合会，1953）１～２頁

所の設置に反対するという状況でした。そこで，各方面に働きかけた結果「大臣もようやく折れてネ。その代り行政整理の最中だから社会福祉主事の数を法律で決めた二割引とすると云うことで妥協して，やっとスタートすることができた」[3]と述べています。

つまり，福祉事務所が設置されていた当初からケースワーカーの配置は厚生大臣自らが意図的に法を守らずに実施されたのです。

このことは，1952年のケースワーカーの配置状況[4]をみると分かります。このときは，郡部福祉事務所は全国で473か所ありましたが，ケースワーカーの中央の基準に対する充足比（法定数の割合）は全国平均で82.1％でした。市部福祉事務所は全国では340か所あり充足比の全国平均は103.9％となっています。しかし，市部でも都市部での充足率は低く，当時の五大都市（横浜，名古屋，大阪，京都，神戸）の平均充足率は88％であり，神戸市に至っては63％という状況でした。1957年の厚生省社会局保護課長と各県の保護課係長等の対談では「以前は一人のケースワーカーが百四，五十ケイス少なくとも百ケイスくらいを持っているのが当たり前で，これでは適正な保護をすることはとても無理」，「実施体制の問題ですが，私たちが痛感するのは，ケースワーカーの数と，人の問題です。この問題には費用がからみますが，福祉事務所における事務職員が少ないので，ケイス担当員が庶務職員のやるようなことをやらなければならない」，「要領のいい県になるとケースワーカーの充足率は85パーセントでも事務職員がいない。このためケースワーカーが事務をやっています」[5]等と語られています。

この座談会からも，福祉事務所制定直後からケースワーカーの法定数が守られておらず，社会福祉事業法で規定されている「事務を行う職員」の配置も不十分であり，ケースワーカーが事務職員の庶務等の業務を担わざるを得

3）黒木利克「福祉事務所設置の苦労話」生活と福祉７号19頁
4）社会局庶務課「昭和27年９月１日現在福祉事務所における職員設置状況」寺脇隆夫編集・解説庄司拓也解説『福祉行政基本資料第４巻〈資料集　戦後日本の社会福祉制度Ⅲ〉』（柏書房，2013）456～467頁
5）「座談会　尾崎保護課長をかこんで」生活と福祉15号６～11，14頁

なかった実情が分かります。

さらに福祉事務所設置から10年経た1961年に厚生省は『福祉事務所十年の歩み』を刊行し，そこでは「現業員一人当りの担当世帯数からみると郡部市部とも最高約130ケイス，最低約35ケイスとなっており，郡部にあっては法定担当ケイス以下の事務所80ヵ所，市部にあっては，409ヵ所であり，いかに過重な事務量を負荷されているかがわかる」[6] と指摘しています。このときの福祉事務所は郡部367か所，市部643か所[7] ですから郡部287か所（78.2%），市部234か所（36.3%）の福祉事務所が法定数を超えていたことになります。

この当時の担当世帯の問題は大蔵省発行の政府広報誌『写真公報』にも掲載されています。ここでは福祉事務所の仕事内容とともに紹介されているケースワーカーが，「われわれの活動は福祉三法を中核として実施されるが，それら三法の運用を適切に判断し，その措置を短時間に具体化することは現状から考えてちょつと容易なことではない。現在隘路となつているものは人員の不足が原因となつて事務の絶対量が多いことである。」[8] と述べており，ケースワーカーの人員問題については，省を越えて共通の理解であったように思われます。

その後1967年に行政管理庁が「生活保護に関する行政監察（第３次）」を厚生省に勧告しました。そこでは「都道府県，市の福祉事務所のいずれも現業員の充足率が低く，また，無資格者，未経験者が多いので，現業員の充実について速やかに改善するよう指導監督する必要がある。」と指摘し，充足率は市部93.9%，郡部85.5%であるとしています。また「保護率の上昇に応じた現業員の充足がはかられていない事例」として，「徳島県は山間地帯が多いが，近年特に都市周辺の平坦部との所得格差が目立ち，山間地帯を所管

6）福祉事務所十年の歩み編集員会編『福祉事務所十年の歩み』（全国社会福祉協議会，1961）62頁
7）福祉事務所十年の歩み編集員会編『福祉事務所十年の歩み』（全国社会福祉協議会，1961）60頁
8）佐藤圭一「この人に語らせる　社会福祉主事の毎日」『写真公報』（大蔵省印刷局，1958）15頁

するM，N両福祉事務所は，逐年被保護者がふえ，保護率が上昇している，しかし，両福祉事務所の現業員の充足率は60％台で，県下最低である。また，東京都O区は都内最高の被保護世帯を有しているが，ここにおいても現業員の充足率は低い。」などとされ，事務処理の不適切な事例として「保護決定手続きが遅延しているものは山梨，島根，鹿児島県などにみられる」との指摘もあります[9)]。

最近でも，厚生労働省「平成21年福祉事務所現況調査の概要」では，生活保護担当現業員の配置標準数に対する配置状況は89.2％であり，その内訳は郡部100.7％，市部88.2％とされ，配置人員が配置標準数に満たない福祉事務所は414か所であるとしています。このときの福祉事務所数は1242か所ですから，約33％の福祉事務所が標準数を満たさないことになります。次に行われた「平成28年福祉事務所人員体制調査について」でも，配置標準数の充足率が郡部103.5％，市部89.5％とされており，前回より若干改善しているものの充足数に満たない福祉事務所のあることが分かります。

ケースワーカーの担当世帯数が多くなる直接の原因は被保護世帯の増加によるものですが，被保護世帯が増加するのは貧困に陥る生活困窮者が増加したからです。社会，経済情勢，あるいはそれらの対策の不十分さなどは個人ではどうしようもない問題で，社会全体の動向の結果です。このことは，コロナ禍で生じた自営業者が廃業せざるを得ない場合や，企業の業績が悪化してリストラや雇用契約が更新されないなどにより経済的な困窮状態に陥ることと同じで，個人では避けようがありません。したがって，生活困窮に陥り，被保護世帯が増加するのは社会情勢の結果と言えます。このように被保護世帯の増加は社会経済的な問題が要因によるものですから，ケースワーカーの意欲や生活保護行政のあり方だけでは対応ができないのです。

歴史的な経過はあるものの現在問題になるのは，被保護世帯の増加に対して，地方自治体が世帯数に沿ったケースワーカーの配置を十分に行わないこ

9）行政管理庁行政監察局監修『行政監察三十年史Ⅴ—勧告と改善措置—』（財団法人行政管理研究センター，1978）408～413頁

とが挙げられます。ケースワーカーの担当世帯数については1951年の社会福祉事業法で定数として示されていましたが，2000年に社会福祉法に改正された際[10)]に法定数から標準の配置数とされました。これは地域の実情に応じて適切な人員配置を行うことが求められたものとされ,[11)]標準世帯数を超えた世帯数をケースワーカーに担当させることで，生活保護行政に支障が生じるような事態が生じてはいけないのです。このことは，厚生労働省の「生活保護法施行事務監査事項」でも職員の配置状況の着眼点に「査察指導員，現業員の不足により生活保護の適正実施に支障を来していないか」が冒頭に掲げられており,[12)] 全国的な問題になっています。

都内X自治体[13)] のケースワーカーの担当世帯数の推移を見ると，1997年までは景気変動とリンクして被保護世帯数の増減がありケースワーカーの増員で80世帯の法定数を守る努力をしていましたが，2000年に社会福祉事業法（現・社会福祉法）改正により法定数から標準数とされたことで，自治体当局から担当世帯数を80世帯以下にするインセンテイブが失われ，80世帯が形骸化したことが分かります（【表１】)。また，全国の保護率とケースワーカーの担当世帯数が関連していることも分かります。X自治体を含めて，島しょ部を除く東京都内の福祉事務所の推移をみても2000年以降のケースワーカーの担当世帯数は標準を超えたものとなっています（【表２】)。都内では標準数を満たす福祉事務所は2022年度では73か所中５福祉事務所にすぎません。[14)]
この傾向は大都市部を中心に全国的に同様と思われます。

10）所員の定数は，社会福祉事業法15条から社会福祉法16条で繰り下げられている。
11）社会福祉法令研究会編『新版 社会福祉法の解説』（中央法規，2022）132頁
12）厚生労働省社会・援護局長通知「生活保護法施行事務監査の実施について」平成12年10月25日社援第2393号
13）X自治体は複数の福祉事務所を有しているが，長期入院や入所世帯を特定の福祉事務所に集めるなど福祉事務所間で意図的な世帯数調整の経緯があるため，全福祉事務所の総和とした。
14）『令和４年度福祉事務所地区担当員（新任）研修前期テキスト』（東京都福祉保健財団，2022）199頁

【表１】　Ｘ自治体福祉事務所の被保護世帯，ケースワーカー（CW）１人当たりの担当世帯数の推移

年度	世帯数	CW数	CW１人当たりの担当世帯	全国の保護率％
1972	3950	49	80.6	12.7
1973	3782	52	72.7	12.4
1974	3672	53	69.3	11.9
1975	3631	51	71.2	12.1
1976	3684	51	72.2	12.0
1977	3889	51	76.3	12.2
1978	4133	52	79.5	12.4
1979	4188	54	77.6	12.3
1980	4248	55	77.2	12.2
1981	4486	55	81.6	12.2
1982	4579	56	81.8	12.3
1983	4596	57	80.6	12.3
1984	4798	58	82.7	12.2
1985	4932	59	83.6	11.8
1986	4966	60	82.8	11.1
1987	4974	60	82.9	10.4
1988	4896	61	80.3	9.6
1989	4776	64	74.6	8.9
1990	4617	64	72.1	8.2
1991	4387	64	68.5	7.6
1992	4261	64	66.6	7.2
1993	4202	64	65.7	7.1
1994	4339	64	67.8	7.1
1995	4476	64	69.9	7.0
1996	4785	64	74.8	7.1
1997	5103	64	79.7	7.2
1998	5360	64	83.8	7.5
1999	5653	66	85.7	7.9
2000	6020	68	88.5	8.4
2001	6631	71	93.4	9.0
2002	7117	80	89.0	9.8
2003	7664	83	92.3	10.5
2004	8199	92	89.1	11.1
2005	8679	99	87.7	11.6
2006	8811	101	87.2	11.8
2007	9069	105	86.4	12.1
2008	9384	106	88.5	12.5
2009	10133	110	92.1	13.8
2010	11569	124	93.3	15.2
2011	12614	139	90.7	16.2
2012	13403	148	90.6	16.7
2013	13967	156	89.5	17.0
2014	14183	156	90.9	17.0
2015	14371	160	89.8	17.0
2016	14198	160	88.7	16.9
2017	14153	159	89.0	16.8
2018	14190	160	88.7	16.6
2019	14189	161	88.1	16.4
2020	14345	162	88.5	16.3
2021	14377	172	83.5	16.3
2022	14349	168	85.4	16.2

1975年度以降1982年度までは７月１日時点，1983年度以降は５月１日時点

1975年度以降は労働組合調査

1973年度，1974年度のCW数は三和治『生活保護制度の研究』（学文社，1999）156頁

1972年度のCW数は『東京都における福祉事務所の現況 昭和47年度』

1972年度～1973年度の世帯数は民生局業務統計年報による

保護率は被保護者調査（2011年度までは福祉行政報告例）

【表２】　東京都（区市部）ケースワーカー（CW）担当世帯数推移

年	区市部世帯数	ケースワーカー数	CW１人当たり担当世帯数	都内保護率（%）
1962	60514	613	98.7	13.6
1965	58336	673	86.7	11.6
1970	64616	821	78.7	10.6
1975	69587	992	70.1	10.4
1976	69386	1011	68.6	10.6
1977	71469	1044	68.5	11.0
1978	73484	1087	67.6	11.3
1986	81374	1099	74.0	10.9
1990	68503	1073	63.8	8.2
1995	72034	1023	70.4	8.1
2000	102971	1155	89.2	11.3
2001	109870	1204	91.3	12.1
2006	148763	1540	96.6	15.5
2009	172453	1858	92.8	17.8
2015	228769	2226	102.8	21.9
2016	229595	2251	102.0	21.5
2017	230205	2295	100.3	21.2
2018	230956	2320	99.6	20.8
2019	230011	2326	98.9	20.5
2020	229738	2398	95.8	20.5
2021	229891	2424	94.8	20.0
2022	229421	2441	94.0	19.8

厚生省社会局保護課『生活保護の動向』（生活保護制度研究会，1980）
厚生省社会局保護課『生活保護の動向解析』（財団法人社会福祉調査会，1984）
東京都福祉保健財団『福祉事務所地区担当員（新任）研修前期テキスト』（東京都福祉保健財団各年度）

さらに，ケースワーカーの業務量の問題は担当世帯数の問題だけではありません。生活保護は補足性の原理を採っていることから他法，他施策の新設や改正が生活保護の実施に影響を与えます。例えば1950年に生活保護法が施行されたときには福祉三法体制で介護保険法はありませんでしたが，2000年に介護保険法が施行されたことで生活保護法には介護扶助が新設され，生活扶助では介護保険料加算，介護施設入所者加算などの加算も設けられた他，介護扶助運営要領[15]をはじめとした各種通知，規定が作られ，ケースワーカーの業務量は純増となっています。社会の変化により社会保障制度や社会福祉制度が新設されたり改正されたりすることは当然ですし必要ですが，その影響を生活保護行政は直接受けるのです。

このことはケースワーカーの業務に必携である「生活保護手帳」にも表れています。1957年に作成された当時「生活保護手帳」はＡ６判384ページでしたが，その後通知などが増加し生活保護手帳2022年度版（中央法規）ではＡ５判986ページとなっているように，生活保護行政自体も精緻化，複雑化しているのです。事務処理等についてはIT化により事務の削減を図ることは可能でも，被保護者に対するケースワークや，一時扶助等の支給の可否は被保護者の状況の理解と各種通知を基にしたケースワーカーの判断によらざるを得ません。

このようにケースワーカーの人員問題から生じる業務量の負担は大きなものがありますが，地方自治体が職員自体の定数抑制を進めたことで，生活保護行政だけではなく自治体内の多くの部署でも職員の業務量は増加しており，どの部署も大変になっているように思います。すると，生活保護独自の大変さとは業務量の問題だけではなく，被保護者への生活保護ケースワークを始

15）厚生省社会・援護局長通知「生活保護法による介護扶助の運営要領について」平成12年３月31日社援第825号。保護課長通知「生活保護法による介護扶助の運営要領に関する疑義について」平成13年３月29日社援保第22号。「生活保護手帳2022年度版」（中央法規，2022）565～652頁

めとした対人関係の問題もあることが考えられます。

被保護者との関係がスムーズであれば特にストレスを感じることもなく問題は少ないのですが，「支援困難」と言われる被保護者との関係が課題となります。

第２　「支援困難」な被保護者とは

生活保護行政における支援困難事例と言われるものは，生活保護ケースワーカーが被保護者への「支援が難しい」「支援がうまくいかない」「支援を分かってもらえない」と考えている場合を指すと思われます。つまり，「支援困難事例」とはケースワーカーが解決することが必要と考える被保護者の課題に対して，その支援方法が分からないとき，支援について被保護者の理解が得られないとき，支援が進まないとき，あるいは被保護者から不合理と思われるような対応を受けた場合などと考えることができます。

したがって，「支援困難事例」とはケースワーカーから見た，行政側の視点であることに注意が必要となります。ともすると，生活保護行政の考える「支援困難事例」とは，被保護者個人の問題と考える傾向が強いように思われますが，ケースワーカーと被保護者との関係性とは両者の状態，双方向により生じますから，被保護者だけの問題と捉えるのは一面的にすぎます。「支援困難事例」を考えるには，被保護者の状況の理解とともに，ケースワーカーの置かれた環境や福祉事務所内の関係，場合によっては生活保護制度の問題から検討をする必要があるのではないでしょうか。

すると，ケースワーカーが被保護者をどのような視点で捉えているのかが重要となります。この視点により被保護者の生じる課題の捉え方とともに支援の方向性，あり方が大きく変わるからです。もちろん，全国で被保護者の課題改善のために熱心に取り組むケースワーカーも少なくありません。例えば，筆者とともに課題を持つ被保護者の就労支援についての検討を行ったケースワーカーは，次のような支援のあり方を述べています。[16)]

- 難病を抱えた被保護者に対して，病気に向き合うことから始め信頼関係を作りながらの支援。
- 高校卒業後就労しないために世帯分離した若者に対して，世帯分離を解除し本人の意向を聞きながら本人の力を引き出す支援。
- 親子関係を調整しつつ，時間をかけて自信の回復とコミュニケーション能力の向上から始めた支援。
- 当初は分からなかった働かない理由が支援の連携をすることで理解できた「働きたくても働けない」被保護者の実態とその支援。
- ケースワーカーが押し付けるのではなく，被保護者が自ら目標を立てて取り組む就労支援。
- 本人の力を信じ寄り添い希望をもって待つ就労支援。
- 就労活動を行わずケースワーカーの支援を拒む若年者と信頼関係を作った支援。

これらの多くは保護要件に関わる就労をめぐる課題ですから，ケースワーカーは避けることができません。そこで，このような課題のある被保護者に対しては，その状況を理解して支援をすることで，ケースワーカーの支援力も更に向上しています。

2005年に全福祉事務所1240か所の経験２年以上のケースワーカーを対象にしたアンケートが行われました。[17)] アンケートの中に「日頃感じている感想」の項に自由回答があり491件の回答がありましたが，そこではケースワーカーの状況や被保護者観などが率直に述べられています。

ケースワーカーの現状ややりがいについては，「ケースワーカーが人員不

16）池谷秀登編著『生活保護と就労支援　福祉事務所における自立支援の実践』（山吹書店，2013）。池谷秀登編著『事例から考える就労支援の基礎～生活保護行政とケースワーク～』（萌文社，2016）

17）栗田仁子『社会福祉行政事務の民間委託（アウトソーシング）に関する研究』（国立保健医療科学院（福祉サービス部，2005））。全国の福祉事務所1240か所にケースワーカーの意識調査アンケートを送り，各福祉事務所の原則経験２年以上のケースワーカー１人を回答者としている。有効回答数713通（57.5％）。

足で業務が過重になっていることなど職場環境の悪さが原因ではないか。じっくり時間をかけて一つ一つのケースと取り組んでいける状況であれば手応えもありやりがいのある仕事」「複雑な問題を抱えた困難ケースの対応を，ケースワーカーが一人で抱えると潰れてしまう」「生活保護業務はその業務量の多さや指導援助にすごくストレスを感じる仕事」「他人の相談に乗ったり悩みを聞いたりするのは聞き手に余裕が必要だが現状はゆとりをもって会話するのは困難」などとあるように，支援の困難さの原因を業務過重と考える回答があります。

その一方で，被保護者に対する見方としては「生活保護制度が怠惰な人間を作っている面があることは事実」「生活保護法は性善説に基づく法律と思われ，明らかに偽要保護者であっても保護の要件を満たしてしまった場合は保護せざるを得ない」「アリとキリギリスではないが多くはキリギリスを保護しているように感じる」「制度の趣旨は素晴らしいが，現実には人をダメにする制度」などの被保護者に対する否定的な回答がかなりありました。これらの被保護者観と業務量の問題から，ケースワーカー自体については「ストレスが蓄積される職務。仕事への意欲が生まれにくい」「同じ給料でこの仕事本当に異動したい。誰も好きでしていない」「左遷用職場になっている。新規採用者が極めて配属されやすくなっている」「ケースワーカーはほとんどが今の職場からの異動を希望しており，素直に言えば日々イヤイヤ仕事をしているのが現状」などの回答も多数ありました。

このようなケースワーカーの被保護者に対する見方は他にも散見されていますが，[18] このことは歴史的に見ても同様のものがあります。

社会福祉学者の岸勇は1963年に「社会福祉主事に訴える」という論文[19] で，ケースワーカーに対して次のように述べています。

18）例えば松下美希『生活“過”保護クライシス』（文芸社，2014）。松下はケースワーカーとのことであるが，その内容には筆者は賛同できない。しかし，紹介されている事例は松下が感じたことを率直に述べているように思われる。

19）岸勇著・野本三吉編『公的扶助の戦後史』（明石書店，2001）157頁以下。初稿は「福祉研究第12号」（日本福祉大学，1963）23頁

『公的扶助の戦後史』157頁以下

私が社会福祉主事に接して，まず胸にピンとくるものは，そして強い抵抗を感ずるのは，一言で言えば，皆さんの要保護者に対する「差別」の態度です。私の狭い経験ですが，皆さん一人一人は，個人的には，いい人です。それなのに一たん社会福祉主事として要保護者に対すると，多くの人はまるで人が変わったようになります。自分達とはちがった，一段下の人間，そして信用できないウソつき，に対するような態度になります。そして普通の人に向っては言えないような侮蔑的な言葉を吐き，相手の心を傷つけるいやみを言い，さぐりをいれ，また普通の人にはとても要求できないような無理をおしつけます。勿論そのやり方には，遠廻しの，物やわらかな，民主的でさえあるやり方をすることもあれば，もっと直截で荒々しいやり方をすることもありますが，その本質はかわりません。

なぜ皆さんは，社会福祉主事として，要保護者に対して，このような態度をとらなければならないのですか？　要保護者というものは，とても人並みにはあつかえない仕様のない人間だからですか？　信用のできないウソつきだからですか？

あまり適当でないたとえですが，戦前私達は，中国や朝鮮の人々を，全くこのように見ていました。このように見ることに慣らされていました。だがいまにして私達は，私達のこのような見方がどんなに間違っていたか，私達がどんなひどい色眼鏡を掛けさせられていたかを痛感しています。彼らは，本当は，そういう人間ではなかったのです。また時にそういう人間としての振舞いがみられた場合でも，それは，実は私達日本人が彼らをしてそのように振舞わせていた，言いかえれば，日本の圧制と差別待遇のもとで，しかもなお生きてゆくためには，彼らはそのように振舞わざるを得なかった，それは彼らのせめてもの抵抗であり自己防衛であったのではありませんか。

同様のことが要保護者についても言えます。たしかに要保護者のなかには，正直者が損をするこの顛倒した社会での長いしいたげられた生活のなかで，どうしようもない程度にまで心がむしばまれ歪められてしまった人々も，少数ながら存在します。

ケースワーカーがこのような考えを持つことの深刻さは，生活保護行政や被保護者の実態を知らない人たちが，誤った情報や「無知」ゆえに述べているのではなく，被保護者に直接関わるケースワーカーの考えであることなのです。つまり，このような見方は，生活保護行政を担うことで生じているのです。

このように感じているケースワーカーの割合は分かりませんが，一定程度のケースワーカーがそのように感じているのだと思います。しかし，これでは被保護者への支援は円滑にできませんし，ケースワーカー自身もつらいと思います。また，担当されている被保護者もたまりません。

それでは，このような視点が出てくる理由は何なのでしょうか。貧困の中で生じる被保護者の生活課題は，貧困が長期化することで複雑多岐にわたり解決が難しくなり，その結果がケースワーカーの前に被保護者の言動として登場します。また，生活保護特有の問題ではなく社会一般に生じる問題ではあるものの，解決手法が確立していない問題もあります。これらによる被保護者の不合理と思われる主張や行動などが繰り返されることで，その背景を検討することができないままにケースワーカーの負担から生じる「被害者意識」と被保護者への偏見が膨らみ，拡散しているように思われます。

このような問題が生じるのはケースワーカーと被保護者との関係で考えると，ケースワーカー（及びケースワーカーを支える福祉事務所組織）の支援力と被保護者の課題の困難さ・複雑さとの間のバランスの不均衡と考えることができます。

ケースワーカーの支援力が厚（強）い場合には支援により被保護者が自らの生活課題の解決を要することや，解決へのプロセスを理解し，解決に向けてケースワーカーとともに進み始める契機になります。つまり，生活保護行政の支援力の観点から見るならば，被保護者に生じる生活課題とそれを原因とした様々な問題行動に対して，ケースワーカーの支援力が厚（強）ければ支援困難度は低く，薄（弱）ければ支援困難度は高いということになります。ただし，ここでのケースワーカーの支援力とは，ケースワーカー個人の資質や能力，知識だけではなくケースワーカーを支える福祉事務所の組織的な体制と対応，関連機関との機能的な連携等も含まれることになります。

ケースワーカーが支援力を高めるためには「考えること」「調べること」「福祉事務所内で相談できること」「研修等を受講できスキルアップを図れること」などの時間的余裕が不可欠なのです。このように考えると，ケースワーカーの支援力が低く被保護者に対する見方が否定的となっている背景には，過重な担当世帯数を持たされ余裕がないことも大きな原因と思われます。

ケースワーカーの考える支援困難事例とは，被保護者に生じる生活課題の大きさ，重さにケースワーカーが耐えられなくなっており，生活保護行政がケースワーカーを支えられていないのです。厳しい表現を使うならば貧困や被保護者の生活課題に生活保護行政が負けているのです。

したがって，ケースワーカー自身が自らの業務に否定的であるということは，たまたま福祉事務所に配属された職員の問題ということではなく，生活保護行政に内包されている問題なのです。

第3　ケースワーカーに生じた問題

2010年代以降をみてもケースワーカーが関係した大きな事件が相次いでいます。発生した事件に対して自治体が第三者を含めた検証委員会，検討会などを設置し報告がされています。ここでは性格の異なる三つの事件，京都府向日市，神奈川県小田原市，東京都多摩市の各福祉事務所で生じた問題を自治体の報告書により見ていきます。

向日市の事例は生活保護のケースワーカーが，被保護者と同居していた女性の遺体を，担当する被保護者に脅され，被保護者とともに，遺棄したことを理由に逮捕，起訴され有罪判決を受けたものです。

京都府向日市

「本事案の発覚した2019（令和元）年６月現在は，生活保護世帯数477世帯に対してケースワーカーは５名となっており，現業経験の少ないケースワーカーを含めて全員が，ほぼ90世帯を超える生活保護世帯を担当しており，明らかに保護の実施体制の弱体化が確認された。

職員Ａ（本件のケースワーカー＝筆者注）の担当世帯数も一時的には110世帯を超えケースワーカーの中で一番多く担当していた。」

「保護援助係では５名のケースワーカーで生活保護世帯の対応を行っていたが，生活保護行政の経験のあるケースワーカーが少ない一方，対応すべき生活保護世帯数が多いため，ケースワーカー１人当たりの業務量が過大な状態となっていた。係長Ｃは過去にケースワーカーの経験のある者であったが，課長にはケースワーカーの経験がなく，また，その頃，後述する他の対応困難案件に時間を取られていたこともあり，保護援助係では，ケース記録や保護費の支給の決裁が遅滞することが常態化していた。」

「保護援助係と同じフロアにいる地域福祉課の職員で保護受給者B（死体遺棄の主犯＝筆者注）を知らない者はおらず，保護受給者Bからは毎日職員A宛てに電話があり，職員Aが保護受給者Bに長時間の電話対応を余儀なくされているということも，地域福祉課の職員にとっては周知のことであった。

職員Aが保護受給者Bとの3時間から4時間にも及ぶ長電話を終えた後，周囲の他の職員が職員Aを気遣って，「大丈夫か」「どんな話だった」と声を掛けることはあった。また，係長Cが職員Aに代わって保護受給者Bと電話をすることもあったが，そのような声掛け程度では職員Aの精神的・心理的負担が解消されることはなく，保護受給者Bとの主従の関係が解消されることもなかった。」

「査察指導員である係長Cは，職員Aの業務を指導する立場の者として，職員Aが長時間の電話を終えた後には，その内容を聞いて状況の確認を行うなどしていたものの福祉事務所として，保護受給者Bに対する生活保護法に基づく保護の適正実施上の必要な指導指示等の措置を講じることの指導をしていなかった。また係長Cは，自らも福祉事務所の指導方針を樹立する組織的対応をとらなかった。」

「課長は，ケースワーカーとしての職務経験がないこともあってか，職員Aが長時間にわたる電話対応をしていることを特段に異常な状況であるとは認識していなかった。課長は，職員Aと同じフロアで業務をしているため，職員Aの長時間にわたる電話の状況は十分に把握していたが，係長Cや他の周囲の職員が適切に職員Aをフォローしているだろうと判断し，職員Aが保護受給者Bの案件を一人で抱え込む状況になっているとは考えていなかった。」

「部長は，福祉事務所長を兼務する者として，生活保護行政全般を所管する責任者であるが，部長も主に庁舎3階で執務をし，保護援助係のフロアとは異なっていたことから，職員Aの具体的な業務の状況や保護受給者Bとの関係性までの把握はできていなかった。」

生活保護業務上の職員逮捕事案に係る検証委員会『生活保護業務上の職員逮捕事案に係る検証委員会検証報告書―市民に信頼される生活保護制度となるために―』（2020年3月26日）

向日市の福祉事務所では，ケース記録や保護費の支給の決裁が遅滞することが常態化していたようですが，このことは福祉事務所が恒常的に組織的な問題を抱えていたということではないでしょうか。その上でケースワーカーは社会福祉法の標準数の1.37倍である110世帯を担当させられた上，問題のある被保護者へは担当ケースワーカーが一人で孤立しながら対応させられていたように思われます。

小田原市では長期間にわたり「HOGO NAMENNA」（保護なめんな）などと印刷されていた被保護者を侮蔑するようなジャンパー等を複数のケースワーカーが着用していましたが，これに対して市福祉健康部の部長は「不正（受給）を断つという意気込みが空回りしている。」などと述べています。[20)]

小田原市では，市役所内の多くの職員は生活保護の職務が非常に過重な労働であることを知っており，自分自身が生活保護に関わる部署に異動することを望まない風潮があったそうです。このことは福祉事務所が市役所内で孤立しており，周知でありながら市はそれを放置していたように思われます。そうであれば，福祉事務所に異動させられたケースワーカーは『被害者意識』を持ちながら仕事をしていたのではないのでしょうか。その上で部長の

小田原市

「アンケート結果で，十分な研修を受けられていないことが見て取れることから，ケースワーカーの基礎的な知識の不足が問題点として考えられる。」

「担当職員の利用者への配慮不足はもちろんだが，他部署からの孤立ゆえの保護係の団結力・使命感を維持しようとしたことが，ジャンパーを作成した要因だったのではないかと考えられる。」

「援助を必要とする側のまなざしが弱くなり，生活困窮者や生活保護利用者との向き合い方へと意識が向かず，支援としての発想が希薄となっていたために，ジャンパーを着用して訪問することに，違和感を持たなかったと考えられる。

また，生活保護利用者から見ればケースワーカーは絶対権力者であり，一対一の関係の中で，言いたいことがうまく伝えられない，説明がわからない状況でも判断を迫られるという怖さがある。ジャンパーの不適切さを利用者が指摘できないのは当然であり，ケースワーカーが権力者であるという視点が欠けていたからジャンパー着用が継続したと考えられる。」

「アンケート結果からは，生活保護の職務が非常に過重労働なことを知りつつ，『そういう職場だから』と済まされてきた経緯が見て取れる。また，自分自身が生活保護にかかわる部署に異動することを望まないという声がとても強かったこともわかる。全庁的な関心や理解の低さが，管理監督者も含め誰もジャンパー着用を疑問視せず，保護係の孤立感をさらに高め」た。

生活保護行政のあり方検討会『生活保護行政のあり方検討会報告書』平成29年４月６日

20）「生活保護『なめんな』」読売新聞2017年１月17日号（夕刊）

言う「不正受給を断つ」ことが前面に出るならば，被保護者に対する視点が「不正受給者」観となることから，被保護者を疑う生活保護行政となり適切な支援は難しいように考えられます。

多摩市では生活保護業務を担うケースワーカー２名が，それぞれが担当する被保護者から提出された収入申告書類等を速やかかつ適正に事務処理しなかったことから，被保護者に支給される生活保護費に関し，漏給59件・5,915,933円，過支給74件・39,454,171円を生じさせた事案です。[21)]

多摩市では，ケースワーカーの担当世帯数が社会福祉法の標準数を大きく上回る一方で，莫大な扶助費が支給されておらず，また過支給もチェックされていません。このことはケースワーカー個人の問題というよりも，福祉事務所が組織として機能していたのか疑問に思われます。そのような職場の状態で，薬物依存，精神疾患，DVなど多くの課題を持つ被保護者がおり，対応をしなくてはならないことから「生活保護業務への従事を希望する職員はここ数年，ほぼいない状況」となっていたそうです。

これらの報告書を見るとケースワーカーの担当世帯数は社会福祉法の標準数すら守られておらず，その原因の一つとして自治体の生活保護行政に対する無理解があったのではないでしょうか。つまり，生活保護行政で生じる困難性をケースワーカー個人の努力で解決することを求め，理事者も管理職も対応を怠り放置をしていたように思われます。

小田原市も多摩市も多くの職員にとり生活保護担当課は行きたくない職場，配属されても早く抜け出したい職場であり，ケースワーカーや査察指導員を希望する職員はほとんどいないとの認識を持ちながら，この状態の改善を図ることなく事件が生じたように思われます。[22)]

いずれの事案も，被保護者の複雑で難しい課題に対して，ケースワーカーが孤立していたことが「事件」の原因の大きな要素となっていることが分か

21）多摩市生活保護費適正支給に向けた第三者検討委員会報告書（2014年）
22）その後，各自治体は生活保護行政の改善に努力をしているようです。

ります。このことは「事件」がいまだ生じていない全国の福祉事務所やケースワーカーにも共通しているようです。

会計検査院の平成19年度の決算報告書では，実地検査した212福祉事務所で43の事務所が詐取，領得，事務け怠，亡失の事態について，また167の事務所で上記43事務所と同様の事務処理の不備が見受けられたとされています[23]。すると不備のなかった福祉事務所は212事務所中２か所しかなかったことになります。このことは事務処理の不備の発生も組織的な背景があると考えられます。

ケースワーカーの被保護者に対する視点はケースワーカー個人の能力，感性などという問題ではなく，被保護者の貧困や困難な生活課題を受け止めることのできる基本的視点と支援力をケースワーカーが得るために，自治体や福祉事務所が組織的な対応が行えているのかどうかという問題であり，これらがないとケースワーカーは被保護者の貧困から生じる複雑な諸問題に対応できず，精神的に追い詰められ，貧困問題や生活課題を被保護者の個人の問題に転嫁しがちになり，被保護者との関係性がより悪化するように思われます。

23）平成21年３月９日社援保発第0309001号厚生労働省社会・援護局保護課長通知「現業員等による生活保護費の詐取等の不正防止等について」

第2章 生活保護行政におけるケースワーカーと要保護者の関係

第1 「支援困難」と行政の支援力

生活保護行政における「支援困難事例」とは，ケースワーカーから見た行政側の視点となります。多くの被保護者は生活保護行政で解決を図る課題が少ない場合や，解決する必要のある場合でも，ケースワーカーや関係者の支援を受け入れて解決を目指している場合が多いと考えられます。

つまり，様々な課題を有する被保護者はいるものの，大きな問題もなく生活を送っている人が多く，ケースワーカーも全ての被保護者を「支援困難」者と見ているのではなく，被保護者からの「不合理」な言動に対して支援の困難性を感じているのです。しかし，割合は少なくともそれらの課題を放置すると，その人自身の生活困窮が進み，社会や家族の中での孤立，病状や障害の悪化や，さらには保護要件の問題から，生活保護の受給自体の問題も生じ，事態がより悪化することもあります。ケースワーカーから見ると担当世帯の中での支援困難事例の割合は多くないものの，一部の被保護者の課題の複雑さや重さ，その対応のためにケースワーカーに精神面も含めた大きな負担が生じているのです。

この支援困難性とは行政側の支援力の多寡によって変わるとともに，行政の要保護者に対する視点により変わることになります。つまり，生活上の課題を有する被保護者が支援困難事例かそうでないかは，行政側の支援力と視点次第といえます。

そこで，本章では生活保護法（以下，「法」といいます）の目的である自立助長とともに，生活保護行政では要保護者をどのように見てきたのかを振り返り，「支援困難」事例について検討したいと思います。

第2 生活保護法制定時の議論

1　生活保護の自立とは

生活保護法の目的は，最低限度の生活保障と自立の助長であると法１条に明記されています。

（この法律の目的）
第１条　この法律は，日本国憲法第25条に規定する理念に基き，国が生活に困窮するすべての国民に対し，その困窮の程度に応じ，必要な保護を行い，その最低限度の生活を保障するとともに，その自立を助長することを目的とする。

最低限度の生活保障は憲法第25条[1)] に規定する「健康で文化的な最低限度の生活」を指すと考えられますが，自立の助長については憲法に規定がなく，生活保護法独自の考え方のようです。

この自立助長を設けた理由について，法立案者である当時の厚生省社会局長木村忠二郎は次のように述べています。

「本法制定の目的が，単に困窮国民の最低生活の保障と維持にあるだけでなく，進んでその者の自力更生をはかることにあることは，国の道義的責務よりしても当然のことであるが，改正法においては第１条にその趣旨を明言してこの種の制度に伴い勝ちの惰民養成を排除せんとするものである。」[2)]

これは，要保護者に対して必要な保護はするものの，保護受給が続くことにより保護慣れした「惰民」にならないために，保護から脱却させる指導をすることが自立の助長と理解しているもので，生活保護の経済給付面を重視していると考えられます。

一方で，同時期の厚生省社会局保護課長小山進次郎は次のように木村とは異なる見解を述べています。

1）第25条　すべて国民は，健康で文化的な最低限度の生活を営む権利を有する。
　② 国は，すべての生活部面について，社会福祉，社会保障及び公衆衛生の向上及び増進に努めなければならない。

2）木村忠二郎『改正生活保護法の解説』（時事通信社，1950）49頁

「法第１条の目的に『自立の助長』を掲げたのは，この制度を単に一面的な社会保障制度とみ，ただこれに伴い勝ちな惰民の防止をこの言葉で意味づけようとしたのではなく『最低生活の保障』と対応し社会福祉の究極の目的とする『自立の助長』を掲げることにより，この制度が社会保障の制度であると同時に社会福祉の制度である所以を明らかにしようとしたのである。」[3)]

「最低生活の保障と共に，自立の助長ということを目的の中に含めたのは，『人をして人たるに値する存在』たらしめるには単にその最低生活を維持させるというだけでは十分でない。凡そ人はすべてその中に何等かの自主独立の意味において可能性を包蔵している。この内容的可能性を発見し，これを助長育成し，而して，その人をしてその能力に相応しい状態において社会生活に適応させることこそ，真実の意味において生存権を保障する所以である。社会保障の制度であると共に，社会福祉の制度である生活保護制度としては，当然此処迄を目的とすべきであるとする考えに出でるものである。従つて，兎角誤解され易いように惰民防止ということは，この制度がその目的に従つて最も効果的に運用された結果として起こることではあらうが，少なくとも『自立の助長』という表現で第一義的に意図されている所ではない。自立の助長を目的に謳った趣旨は，そのような調子の低いものではないのである。」[4)]

このように生活保護法制定時に法の目的である「自立助長」の説明を，法立案の責任者である厚生省社会局長と社会局保護課長が異なる内容を述べていることは現在の感覚では考えられないことです。法立案者の見解は異なっていましたが，国会に提出した生活保護法改正案の説明資料では「自立助長」を次のように説明しています。

「『自立を助長する』本法による保護の目的が，単に生活に困窮する国民の最低限度の生活の保障と維持に在るだけではなく，進んでその者を自力更生させるにあることは，国の道義的責務よりしても当然のことであって，このような制度に伴い易いいわゆる惰民醸成を避けるためにも必要である。」[5)]

---

3) 小山進次郎『改訂増補 生活保護法の解釈と運用』（中央社会福祉協議会，1951）84頁
4) 小山進次郎『改訂増補 生活保護法の解釈と運用』（中央社会福祉協議会，1951）92頁・93頁
5)「第七国会／生活保護法案説明資料」生活保護法案逐条説明３～４頁

これを見ると木村の説明が政府の自立助長の考え方のようです。しかし，「自立助長」についての国会での議論は活発なものではありませんでした。生活保護法の改正案について，衆議院では1950年３月22日の厚生委員会に提案され，同年４月22日の本会議で一部修正の上可決し，参議院では４月６日に厚生委員会で審議に入り４月29日の本会議で可決しました。国会では自立助長については突っ込んだ議論はされていないようで，方面委員（現行の民生委員の前身）等の経歴を有する中平常太郎[6)]の「自立に向けて漸次向上して，生活保護費を打切るようにするのが生活保護法の目的ではないかと思う」[7)]という発言が共通認識であったように思われます。

このように見ると木村の見解が，政府のみならず当時の一般的な捉え方であったのかもしれません。

生活保護法の目的である自立助長について，法制定時より法立案者による異なる見解が示されていたことは生活保護法のミステリーと言えます。自立をどのように理解するのかにより，ケースワーカーの被保護者への関わり方が変わることから，この問題は生活保護行政にとり極めて重要な問題になるのではないでしょうか。

このことはその後も疑問視されていたようで，小山進次郎と仲村優一[8)]との対談[9)]では仲村がこの点について繰り返し質問をしています。これに対して，小山は木村との自立助長の考え方の違いを次のように「若干食い違いのあるような説明」「表現の上で若干の違い」としながら，木村を「古い考え方」と述べています。

6）中平は愛媛県選出の日本社会党所属の参議院議員。愛媛県方面委員，県民生委員，全日本民生委員連盟理事，日本社会事業協会理事などの経歴を有している（参議院・衆議院編集『議会制度百年史　貴族院・参議院名鑑』大蔵省印刷局，1990）369頁

7）参議院第７回国会参議院厚生委員会第31号（昭和25年４月21日）３頁

8）日本社会事業大学教授

9）この対談は「生活と福祉」（全国社会福祉協議会）の特集「公的扶助のあゆみ100年」として153，154号（1969年１月，２月）に掲載された。その後，仲村優一『生活保護への提言』（全国社会福祉協議会，1978）に再掲され，厚生省社会局保護課編『生活保護30年史』（社会福祉調査会，1981）にも再掲されている。本書では『生活保護30年史』に基づき引用する。

「自立助長」の理解の違いについて，小山は「広い範囲で論議されるべき問題が論議されて整理されて，その結果が法文化されるんじゃなくて，まだ議論しているまっ最中に，もうそれが法文のほうにでてきちゃった」と述べていますが，真にその通りであるならば生活保護法は十分に検討されることなく，法立案者の間にも法の目的についての理解の違いがあるまま制定されたことになります。このことが現在までの生活保護行政に大きな影響を与えているのかもしれません。

『生活保護30年史』119〜120頁，124〜125頁

仲村　そうすると，ズバリお伺いいたしますが，目的に自立助長ということがはいったこととは，関係があるんでしょうか。

内在的可能性を発展させること

小山　それとは，それほど論理的な結びつきはありません。説明としてはいろいろ関連させせることがあったと思うんですが，むしろ自立助長をつけ加えたのは当時生活保護についてすぐいわれたことは，惰民養成とかなんとかというようなことですわね。それとの関係で，そうじゃないんだということをはっきりしたかったのと，もう一つは，生活保護は，単に金をやる，経済的な保障だけじゃないんで，それを通じて，その人の持っている内在的な可能性を発展させる，そういう社会福祉の制度なんだ。そんな考え方が非常に強くあったもんですから，ああいう言葉を入れたわけなんです。そこいらの点になりますと，法制局の審議のとき，法制局というのは，そこいらは担当している役所の希望通りに，大体表現させてくれるわけでしてね，ひと通り読んでみて，論理的に整っていればというんで，ですから，最初の１条から５，６条ぐらいまでのところは，ほとんど全部，当時保護課でわれわれが用意していった条文の案の通りだったでしょうね。（中略）

仲村　今の第１条ですね。これは，伺いますと，生活保護法というものを，小山さんのおっしゃる社会保障の法として一義的に打ち出していくか，社会福祉的性格をも織り込むかということで，だいぶ論議がたたかわされたと伺ったことがあるんですが，そして，結局行きついたところは，社会保障の法であるということを第一義としつつ，社会福祉の性格としての自立助長ということをも一緒に考えていくというところに結論がおちついた。こういうふうに伺っているんですがそれでよろしいんでしょうか。

小山　ええ，大体おっしゃる通りですね。ただ，真相を申し上げますと，大いに議論がたたかわされたといいますけれども，実はその問題についちゃ，たたかわす相手があんまりなかったわけです（笑）。やや自問自答のきらいがありましてね。まあ結局，私が自分でしゃべって，そして，そうかなあというふうになる時間を若干かけたということですかね。ですから，今おっしゃったことと関係があるんでしょうか，あの当時出た解説書の中でも，先生が言われたこの本〔筆者注：小山進次郎『改訂増補 生活保護法の解釈と運用』（中央社会福祉協議会，1951）〕と，それから木村さんの名前で出た本〔筆者注：木村忠二郎『改正生活保護法の解説』（時事通信社，1950）〕との間に，１条なんかについては，正確に読んでみりゃ，若干食い違いのあるような説明が多分出てたはずですよ。それはそういう事情からなんですけどね。片っ方は，自問自答しているうちに，自分の頭で考えておったことを，大体これだときめて，爾後，自分たちの行政上の考えとしたし，片っ方は，そのときに自分が受け取った限度において，こうだと思ってそういうふうに書いた。こういうことが，表現の上で若干の違いを生じさせた，こういう結果になったんだろうと思いますがね。
（中略）

新生活保護法の制定（その二）

小山進次郎氏（厚生年金基金連合会理事長）
仲村　優一氏（日本社会事業大学学監）

自立助長は惰民防止か

仲村　さっきの第１条に戻りますが，自立助長というところですね。これが，その後今日に至るまで，いったい自立助長というのはどう解釈したらいいのか，自立というのはいったいどういうことなんだろうかということで，現場では，一つの大きな課題になっているように思いますし，それから，この数年来，社会局の監査参事官室で打ち出しておられる方針も，自立助長の方向での積極的な配慮ということに，かなり重点がおかれていると思うんです。それで，自立ということについて，当時お考えになられた意味を，もう少し伺わせていただければと思いますが。

たとえば，こういうことがなかったのかどうか。旧法では欠格条項が設けられていたですね。そして，さっきおっしゃられたように，〔昭和〕24年の「改善強化に関する勧告」でも，欠格条項ははっきりと明確にすべきだと打ち出しておられながら，実際には，討議の過程でそれが背後に退いた。したがって，そういう形では表われなかったけれども，現に労働を怠る人とか，素行不良の人とか，そういう人たちはいるかもしれない。そういう人たちは，昔だったら，もうこれは欠格者だということで，初めっからズバリと保護の対象にしなかった。しかし，新法の考え方は，そういう人であっても，社会の一員として十分この社会に適応できる人として更生させていくべきだという考え方，そこに結びつけて，自立助長ということがいわれたんだというふうに解釈してよろしいでしょうか。

小山　その点はおっしゃる通りだったと思います。それで，特に自立助長という言葉を加えたのは，私が加えたんですけれども，その動機をいいますと，従来生活保護で金をやって，やった結果どうするかという問題は，生活保護からちょっと離れたケースワークの問題としてだけ議論されるという傾向が，当時出てきておったわけです。そこで，そうじゃないんだ。必要な金は被保護者におわたしをする。しかし，それで生活保護という制度の仕事が終わったということじゃないんで，そういうことは，いわば一つのプロセスなんで，そういうことを通じながら，さらにその人の人間として持っている可能性を十分発展させていく，いわば人権をそのまま実現させていくようにするところまで持っていくというのが，生活保護の，いわば内部の問題なんだ，運用自身の問題だ，ここを何とかはっきりしたいなあ，こういうことで入れたわけなんです。入れた動機はそういうことで，中では一応そういう説明をして入れたわけですけれども，当時のいろんなものごとの運び方の点でやや唐突の感があったために，別の解説書では，こういうふうに保護金品をやったりなんかするのは，決して惰民を養成するという目的じゃないんで，自立助長させる目的だ。こういうふうに解説をする，これはいわば古い考え方ですわね。それがそういうものを残した事情なんですけれどもね。つまり今日のように，広い範囲で論議されるべき問題が論議されて整理されて，その結果が法文化されるんじゃなくて，まだ議論しているまっ最中に，もうそれが法文のほうに出てきちゃった，そういう状態だったことが，ああいう食い違いを生んだんだろうと思うんですが，入れた人間の気持なりねらいというのは，そういうことだった。

2　ケースワーカーによる被保護者への関わり

ケースワーカーによる被保護者への関わりの根拠には法27条，法28条があります。[10)]木村は法28条の説明を「本法の保護の適正を期し濫救や漏救を防止するためには，要保護者の生活状態を知悉する必要が存するので，そのために必要な調査をなし得る権能のあることを定め」た，と述べています。[11)]木村は自立助長を惰民養成の防止のためと理解していることから，生活保護の経済的な側面を重視しており一貫していると言えます。国会の法案提案資料でも同様の説明がされています。[12)]

一方で小山は法27条の説明を次のように述べています。

10）現在は法27条の２もあるがこれは1999年に新設されたもので法制定時にはなかった。

11）木村忠二郎『改正生活保護法の解説』（時事通信社，1950）88頁。ちなみに木村は法第27条の説明は『この指導や指示には強制力はないが，これに従わなかった場合には法第62条第３項の規定により，保護の変更，停止，又は廃止をすることができる』とだけ述べている。

12）「第七国会／生活保護法案説明資料」118頁では次のように述べている。「市町村長は，保護を実施する責任を有するが，これは第２章に掲げる各原則に基づいて厳正適正に行わなければならない。即ち濫救や漏救を防止のためには，要保護者の生活状態について知悉する必要があるので，そのために必要な調査をし得る権能のあることを定め」た。

「保護の実施機関の被保護者に対する生活指導の権能及びその限界について規定したもので，保護の実施機関が被保護者に規律ある生活を維持させ，これが健全な社会の一員として自立して行くために必要と認める指導及び指示をなし得ることを定めたものである」

「本法の保護は，実質的には経済保護であるため，その効果は保護金品の給付に最も集約，具体化されるのであるが，このことは決して保護の実施機関が規定通りに保護金品の給付をして行いさえすればよいということを意味するものでないことは云うまでもないところである。若し，このような機械的な態度で保護を行つてゆくとすると漏救，濫救の発見，防止，是正は勿論のこと，給付された保護金品が真に本法の目的とするところの最低生活の維持のために十分に利用，消費されているか否かも把握し得ない結果となるだけでなく，この保護によつて被保護者の自立を助長しようとする本法の目的が完全に没却されることになるのである。従つて，保護の実施機関当局としては被保護者の日常生活の中にまで接近して有益な助言，勧告を与え，生活状態を規整するための指導，指示を具体的に適切に行うことが極めて必要であつて，これによりはじめて本法の目的が実を結ぶに至るのである」

「従来，ともすると生活保護を恩恵的，慈恵的とする風潮が社会の各層においてみられたのであつて，そのため保護の実施機関も被保護者の人格を無視して必要以上の指導，指示を行い，これがために被保護者の全生活分野にとつて好ましからざる影響を与え，被保護者も亦卑屈感に流れ唯々諾々としてこれに盲(編注ママ)従するという極めて好ましくない傾向に陥ることがないではなかつた」[13]

このように生活保護の目的である自立助長をどのように考えるのかにより，ケースワーカーの被保護者への関わり方が変わるのです。木村は生活保護の経済給付の側面のみを捉えているようですが，小山は生活保護法の機能を経済給付だけではなく被保護者の生活問題の改善についても考えていたようです。すると小山はケースワーカーの被保護者への関わり方である生活保護のケースワークをどのように考えていたのでしょうか。

小山はケースワークの位置付けを，法律技術上の制約により法律で規定することは至難なため行政機関によって行われる単なる事実行為として取り扱われている，とした上でケースワークを必要とする対象者に限りケースワークを行う必要があると次のように述べています。

13）小山進次郎『改訂増補 生活保護法の解釈と運用』（中央社会福祉協議会，1951）413～414頁

「四　生活保護制度における社会福祉性について
生活保護制度の運営を考える場合，特に注意しなければならないことは，生活保護法の法律的理解を深めるだけでは十分でないということである。この法律が社会保障法としての建前を採つていることと，もう一つは法律技術上の制約によりケースワークを法律で規定することが至難であることのために，この法律の上では金銭給付と現物給付とだけが法律上の保護として現われている。従つて，現実には保護として行われ，且つ，被保護者の自立指導の上に重要な役割を演じているケースワークの多くが法律上では行政機関によつて行われる単なる事実行為として取り扱われ法律上何等の意義も与えられていない。これはともすれば生活保護において第一義的なものは金銭給付や現物給付のような物質的扶助であるとの考を生じさせ勝ちであるけれども，ケースワークを必要とする対象に関する限り，このように考えることは誤りだと言わなければならない。例えば，身体も強健で労働能力もあり，労働の意思もある人が一時的に失業し，生活が困窮した場合には，この人に必要なものは就職の機会とそれ迄の生活費の補給であるから，生活扶助費の給与ということがこの場合の解決策であろう。然しながら，同じく生活扶助費の給与ということを法律上の保護の形としては採りつつも，若しもこれが労働を怠る者の場合であるとしたら問題は全然異るであろう。このような者も社会生活に適応させるようにすることこそ正しくケースワークの目的とする所であるが，この場合には恐らく金銭給付は全体の過程の単なる一部分であるに過ぎず，寧ろ，保護の実体的部分は法外の事実行為として行われるであろう。従つて，この制度の運営に当る者は，常に，事実行為をも含めた広い意義の保護を念頭に置いて事に当る必要があろう。」[14]

ここで小山が挙げているケースワークを必要とする対象とは「労働を怠る者」としており，この者を「社会生活に適応させるようにすること」がケースワークの目的としています。つまり小山が考えるケースワークや社会福祉的な働きかけとは「怠け者」がまじめに働くように指導することのようです。すると木村の考えとあまり変わらないようにも思えますが，この議論が行われていた1950年当時は，戦後の混乱が収拾していない時期であり，福祉三法（生活保護法の他には身体障害者福祉法，児童福祉法）の時代であったという背景や，木村や小山の経歴[15] を考えると就労の問題が重視されることはやむを

14）小山進次郎『改訂増補 生活保護法の解釈と運用』（中央社会福祉協議会，1951）95～96頁

15）木村は1930年より内務省に勤務し1938年より厚生省，軍事保護院等を歴任し戦後は厚

得ないのかもしれません。

ただ，小山は「生活保護法の解釈と運用」[16] 刊行から20年近く経た先ほどの仲村との対談の中で「今日自分が持っている知識でより正確に言いなおせば」と次のように述べていることも見ておく必要があると思います。

ここでは，当時は被保護者に対して指導と称して精神的なことを言わなくてはいけない雰囲気が一部にはあったが，保護費を支給することで自分の生活をマネージできる人にはそれを任せ，それができない人にはいろいろなサービスを行う必要があると述べています。

『生活保護30年史』125～127頁

仲村　私の理解が誤まっていませんでしたら，この「解釈と運用」の中で，小山さんは，保護対象者のうちで，大部分の人については最低生活保障ということで，経済給付それ自体を第一義として考えれば，大体済むだろう。しかし，小部分，数は少ないかもしれませんけれど，ただ経済給付を一義的にやっていればいいというだけではない人たちもいる。そういう人たちであっても，社会の一員として更生できるように援助するという，そういう考え方を伴って保護は行なわれなければならない。だから，そういうケースの場合には，自立助長という考え方の線での社会福祉的な援助が，積極的に提供されなければならないのだと，そういうふうにおっしゃっているんですか。

小山　そこのところは，今日自分が持っている知識でより正確に言いなおせば，おそらく生活保護の保護というのは単に経済的な給付だけじゃなくて，今日皆さんが言っておられる意味でのサービスですね，サービスまではいらなくちゃいかんのだ。そういうサービスを提供することによって，保護を受けている人びとをして，すべて自立させていく，こういうところまでいくのが，生活保護制度の，いわば守備範囲だ。こういうことが言いたかったわけですわね。おそらく，今おっしゃったような表現で書いておるのは，今日いわれているサービス，それが，当時の私の頭の中には，まだはっきりした格好でできてなかったということで

生省に戻り1948年より社会局長になっている（木村忠二郎先生記念出版編集刊行委員会編『木村忠二郎日記』（社会福祉研究所，1980）539～540頁）。小山は1938年に大学卒業後，設置されたばかりの厚生省に採用され社会局勤務。その後は山口県，千葉県で課長，厚生省健民局，滋賀県，山口県特高課長，戦後は1946年に厚生省に復職し1948年より社会局保護課長になっている（小山進次郎氏追悼録刊行会編『小山進次郎さん』（社会保険広報社，1973）691～695頁）。このように木村，小山共に戦前からの厚生省の官僚であったことから，救護法，旧生活保護法の欠格条項等の影響があるように思われる。

16）1951年発行の「改訂増補」前の『生活保護法の解釈と運用』（日本社会事業協会，1950）55～56頁にも同一の文章が記述されている。

しょうね。

仲村　ここでお書きになっていらっしゃる経済給付それ自体が，端的な第一義的なねらいになるようなケースと，それから，おっしゃるような意味でのサービスも，相当に色濃く提供していかなければならないようなケース，これは数は少ないと思いますけれども，そういうふうにおわけになる考え方は，今でも……。

小山　そうですね，今でも，とおっしゃられると，実はあんまり考えてないんですが，当時の考え方としては，こういう気持が一つあったわけです。何でもかんでも指導に結びつけて考えたがる傾向がありましてね，たとえば，老人なら老人夫婦がいて，これは自分らではどうにも生活しようがないけれども，金さえくれりゃ，ほかはよけいなこといわれなくてひっそりと暮らせる。そういう人たちに対してまで，何とか指導と称して，一種の精神的なことをいわにゃならんという雰囲気が一部にあったわけです。それから，未亡人なんかについていえば，子供が二人ぐらいある。これは，子供が大きくならなけりゃ，更生するといってみたって，どうにも更生しようがないのを何か更生更生といって，いかにもせきたてるようにしていく。そこまであんまりしつこくなく，われわれが考える生活保護というものは，その面では，もう少しゆったりしたものであっていいはずなんで，金をもらいさえすりゃ，それであとマネージできるという人には，それはそれでまかせておくというだけのゆとりを持っていきたい。こういう考えが一方にあったわけですね。それが経済的保護だけで足りるんだ，こういう言い方になったわけですが，しかしそうでない対象もあり得る。やはり，いろんなサービスを提供することによって，隠れている可能性とか，ゆがめられているものをなおしていくということのできる対象もあるんで，それには，それまで及ぼしていく。こういう気持を持ったことが，ああいう表現をとらせたということですかね。

木村と小山の自立の考え方については生活保護行政では整理されないままにその後推移しました。しかし，生活保護法の目的である自立助長をどのように考えるのかにより，ケースワーカーと被保護者との関係の位置づけが変わります。木村の自立の考え方では被保護者に対しては管理監督的になり相談援助は消極的になるように思いますが，小山の場合は相談援助の積極性が認められることになるように思います。

第３　生活保護行政の被保護者への視点

生活保護行政は被保護者をどのように見て，ケースワーカーにどのような対応を求めているのでしょうか。生活保護法の解釈とともに保護基準を始めとした制度内容や運用を決定し，福祉事務所の実施状況について指導監査するなど生活保護行政に責任とともに大きな影響力を持つ厚生省（現・厚生労働省）の視点から順をおって生活保護行政を見てみます。

1　1950年厚生事務次官通達

生活保護法が施行された直後に，各都道府県知事宛に厚生事務次官通達「生活保護法の施行に関する件」[17)]が出されました。この通達は「この法律運用の適否は，国民生活の安定に影響するところ極めて大なるものがあるから，過去の経験を最大限度に活かし，この法律施行に関する諸般の整備を周到綿密に行う」ことを求めたものです。

ここでは一般事項として，生活保護を受給することにより勤労意欲の減退や，保護の抑制による更生の力を枯渇させないためとして，次のような指示が出されています。

> この法律による最低生活の保障は，憲法に宣言されている所謂生存権的基本的人権の保障を実定法上に実現したものであり，この法律による保護は，要保護者の困窮の程度に応じて必要の最小限度において行われなければならないものであるから，この保護を漫然と機械的に行うことによつて，国民の勤労意欲を減退させたり，或いはこの法律により当然与えられるべき保護を理由なく抑制することによつて，要保護者の更生の力を枯渇させるようなことがあつては，この法律の目的に背反するものであつて，この法律の目的は，法第１条に明文化されているように要保護者の最低限度の生活を保障するとともに，その自立を助長することにあるのである

その上で旧生活保護法にあった欠格条項[18)]の廃止を述べ，従来欠格者とし

17）各都道府県知事宛厚生事務次官通達「生活保護法の施行に関する件」昭和25年５月20日発社第46号

18）旧生活保護法第２条　左の各号の一に該当する者には，この法律による保護は，これをなさない。
　一　能力があるにもかかはらず，勤労の意思のない者，勤労を怠る者その他生計の維持に努めない者
　二　素行不良な者

て保護から排除されてきた人に対しての対応を，次のように述べています。

旧法の下においては，生計の維持に努めない者又は素行不良な者は，保護の絶対的欠格者として取り扱われ保護を実施する余地がなかつたのであるが，これは国民の最低生活保障法としての理念からみて好ましくないので，新法においてはこれを改め，急迫した事由がある場合には，一応先ず保護を加え，然る後，適切な指導，指示その他の措置をすべきこととなつているから，これらの点を実施機関等に十分理解させ，遺漏なき運用を期すること。

このような認識の下で，被保護者が保護受給の権利を行使することに対しては，次のように警戒しています。

第九　被保護者の権利及び義務に関する事項

一　新法は，被保護者のこの法律上占める地位を明らかにし，その権利を保障するとともに，その守るべき義務を課しているのであるが，それらの義務の履行については十分に指導し，いやしくも権利の濫用に陥らしめることのないよう万全の配意をつくすこと。

この厚生事務次官通達を見る限り，生活保護法ができた当時の厚生省は，旧生活保護法との違いを強調し欠格条項を否定しつつも，木村や国会提出資料と同様の趣旨で「惰民養成の防止」を重視するとともに，権利濫用を強調するなど国民の生活保護受給の権利行使については消極的であり，旧生活保護法の影響を強く受けたものだったように思われます。

2　1953年『福祉事務所運営指針』

1951年に社会福祉事業法（現社会福祉法）が制定され，福祉三法を所掌する「福祉に関する事務所」（福祉事務所）が設置されました。そこで，1953年に厚生省社会局庶務課編『福祉事務所運営指針』が冊子として刊行されています。このまえがきでは「行政系列の第一線機関である福祉事務所が如何に重且つ大なものであるかは，国民の均しくこれを認める処であろうと信ずる。」[19] と福祉事務所の重要性を述べ，福祉事務所の組織，職員などについて細かに説明，指示がされています。その上で解決を要する福祉事務所の問題について，第一に福祉事務所職員の質と量の充実を挙げ，第二に現業機関としての性格の明確化を挙げています。

しかし『福祉事務所運営指針』は福祉事務所が誕生して間もない時期であること，生活保護行政の担い手が旧生活保護法の民生委員から新たに有給職員（ケースワーカー）とされたばかりであったことから，組織運営のあり方が中心に記述されています。したがって，被保護者との関係については多くは述べられていませんが，ケースワーカーに対しては丁寧な対応を求めるなどの心構えを述べています。

例えば，初回の面接にあたっての面接員の態度としては，なごやかな雰囲気，真面目に相談する態度などを求め，いかにしたら相手の求めるものを理解し，相手の立場に立つことが必要であると，次のように3点を挙げています。

福祉事務所運営指針210～212頁

一　面接員の態度

面接員の態度は，なごやかな雰囲気をかもし出す態度，真面目に相談する態度，親愛感を持たせるような態度，要点をつかんで的確に処理して行く態度が好ましい。これに反し，相手の話を途中で遮つて話す機会を与えない態度，事務的，高圧的な態度等は，好ましくない態度，嫌な態度であるが，面接員の態度を要約すれば，理解的，協力的な親しめる態度を持つことであつて，如何にしたら相手の求めるものを理解し，その求めるものの実現に協力してやるかということに，相手の立場に立つて意を用いることが大切である。次下順を追つて説明する。

1　信頼と雰囲気

面接に当つて先ず注意しなければならないことは，相手に対し気楽な雰囲気を作つてやり，固い気持をほぐして話し易いようにくつろがせてやることが必要である。それが為には，援護台帳等によつて，過去及び現在における援護その他のサービスの有無を確めて置く事も必要であるだろうし，相手が何の気兼もなく，自分の生活状態や心配ごとを打明けられるように面接室で行う等細かい心遣いが必要である。

19）厚生省社会局庶務課編「福祉事務所運営指針」（全国社会福祉協議会，1953）1頁

２　よい聴き手となること

面接員及び地区担当員の面接に臨む態度として，理解と協力が必要であ〔る〕ことは先に述べたが，その具体的な現われとしてよい聴き手となることが大切である。たとえ回りくどい申立であつても，相手の教養の程度を判断して忍耐と誠意をもつてそのいい分を傾聴し，表現される事実の実情や気持，感情を受け入れてやることが大切である。

３　第三者的な判断をもつて観察すること

質問によらずとも，相手の態度，いい分からいろいろのことを知り且つ理解する観察力，しかもそれが相手の態度や，自分の主観によつて判断するものでない厳正なものであることが必要である。例えば面接員が，不義に対して異常な反感を持ち浪費や怠惰に罪悪感をもつているにしても，自身のもつ主観的価値判断の基準によらず，あくまで第三者的な立場に立つて判断し，適切な解決に導くようにしなければならない。

面接上の技術としては，①要援護者を知ること，②要援護者の感情を表現させること，③要援護者に自分自身を理解させるとともに行動のための決断を与えること，④要援護者に助言を与え指導すること，⑤質問の仕方について，などのポイントを５点挙げて説明しており，要保護者への配慮を踏まえたものとなっています。

福祉事務所運営指針213～215頁

二　面接上の技術

１　要援護者を知ること

面接は「治療関係」の第一歩であるから，相手のいい分を良く聞くことに初まらなければならない。よきにつけ，悪しきにつけそのいい分をよく聞くことによつて相手をよく観察し，その求めているものが何であるか，相手の置かれている社会環境，生活環境はどんな状態であるか，相手の人柄，態度等について十分知ることが必要である。

２　要援護者の感情を表現させること

要援護者に関する事実や，問題の所在を知ると同時にその人の持つ本当の感情を表に引出すことが必要である。人間の持つ社会的渇望，人々から受入れられ，或は除け者にされまいとする感情を中心として，不安，自責，劣等感，不満等の感情や日常のうつぷんをありの儘に表現させることは，相手の本質的なものを把握する上に必要なことである。

３　要援護者に自分自身を理解させると共に，行動の為の決断を与えること

要援護者は多くの場合，自分の生活環境の中にあつてどうしてよいか無我夢中になり，自分の能力さえも見失つているのであるから，いろいろの情報や知識或

いは，示唆を与えてやることによつて明確な自己理解，反省の機会を作つてやり，更生の為に，自らの行動への意欲を呼び起すようにしてやるのである。命令や強制によらずあくまで自主的な判断と決断の糸ぐちを与え，動機づけてやることが必要である。

４　要援護者に助言を与え指導すること

前に述べたような本人に自主的な判断や決断を期待することの出来ない者例えば，精神薄弱者（編注ママ），犯罪者等に対しては必要な指導を与え，その更生の為に適切な指導を行うことが必要である。

５　質問の仕方について

相手の感情の表現を円滑にすることを目的とする面接においては面接員及び地区担当員は相手の人から学ぶ段階にあるのであるから，その質問の仕方についても又細心の注意を払うことが大切である。温和な言葉で，要援護者の教養の程度に応じて，理解出来る言葉を用い，相手の感情が無理なく，誇張なく，双方にとつて楽しいような質問を考え，しかもその人に保護を適用する為の条件が備わつているか否かを確かめるものであるということを絶えず念頭において，話しの筋道から横にそれないように注意しなければならない。

また，ケースワーカーが家庭訪問を行うに当たっての注意事項として，計画性，訪問態度，信頼関係，親身になった援助の４点を挙げており，次のように述べられています。

福祉事務所運営指針220頁

５　訪問指導

援護決定後における指導は重要な要素となつて来るのであつて，地区担当員の効果的な機能発揮はむしろ援護決定後における指導活動の如何にあるといつても過言でないのである。ここに指導にあたつて注意すべき事項を掲げる。

イ　計画性を持つこと……訪問の計画化については「調査訪問指導の計画化」において詳述されたところであるが，自らの職務を忠実に実行する立場から又要援護者の立場からこれは特に大切である。

ロ　訪問の態度……最初の訪問の立場特に地区担当員の印象によつて，要援護者の態度に非常な変化が見られるのであるから，柔い極く自然な態度を以つて臨むことが大切である。従つて単刀直入式に用件に入るというようなことなく，最初は世間話から次第に話し易い雰囲気を作つて行わなければならない。即ち焦るということは絶体の禁物であるから，どうしても用件に当ることが出来なければその儘にして次の機会に譲る位の気持が必要であろう。又訪問から帰る際にも今後の訪問が容易になるように相手方に心よい印象を残して置くように心しなければならない。

ハ　要援護者との間に信頼関係を醸し出すこと……指導援助という重大な任務

を持つ地区担当員の使命より考えても当然のことで，自分の気持を相手に理解させ，辛抱強く，相手の立場を自分の立場に置き代え，やがては心の琴線に触れ合うように，信頼し信頼される関係を醸し出さなければならない。
二　親身になつて援助すること……深い愛情を以つて，相手の気持になつて相談し，助言を与え自立への意欲を持たしめるには文字通り親身になることが大切である。例えば要援護者が母子世帯であれば，単に経済的援助を与えるだけでなく，子供の将来に対する対策を考え，母としての修養の道を教え，母子寮を斡旋し，或いは職業のことを考えて収入の途を考慮すること。これ等のことは親身になつて初めて出来ることであろう。

このように文章自体は現在から見ると練られていないものもあり，「上から目線」的な印象は否定できないものの，ケースワーカーの被保護者への対応は単なる「惰民養成の防止」ではないことを図っていたようです。

地区担当員（ケースワーカー）の要件としては６点挙げていますが，ここでは要保護者の様々な状況を述べた上でのケースワーカーの姿勢が示されており，その趣旨は現在でも通用するものと思われます。

福祉事務所運営指針225～227頁

二　地区担当員の要件

地区担当員が活動に当りその任務を遂行する為に具備すべき必須と思われる要素は数多いのであるが，特に必要とするものを次に挙げる。

１　正確であること

地区担当員の任務は対人関係にあり，その活動の如何が一人一人の人間の死活の鍵を握るものであるだけに，自らの言動に，要保護者の観察に，収支の認定に又ケース記録その他の業務に正確を期することが必要である。

２　想像力に富むこと

要援護者の実際は世間体をはばかつて多くを語らない者，援護を受けないと損だと思つて援護を強要するもの，或いは必要以上に困窮の状態を吹聴するもの，相手が児童であつたり身体障害者である場合等では又特殊の状況が表われるものである。従つて地区担当員は相手の態度，行動によつて要援護者の環境，生活状態等の実情を的確に推察し，指導，援護に当らなければならないのであるから，想像による正確なる観察力を養うことが大切である。

３　理解力を持つこと

要援護者の振舞い言動によつて早合点することなく，内容を深く，その背後に潜む人情の機微に至るまで，その人の置かれている立場や実情を深く理解してやれるだけの力を持つことが大切である。

４　純粋な人間愛を持つこと

生活に疲労困憊した人に経済的援助を与えて更生への道を開き，児童を虐待，酷使，放任から保護して健やかに育ぐ（編注ママ）まれるように身を以つて守り，或は不幸なる身体障害者に前途への光明を見出してやるだけの純粋な人間愛に燃えた情熱の持主でなければならない。

５　研究心に燃えること

社会福祉行政は人を対象とするだけにいよいよ専門技術化されて行く，この時勢の流れに遅れないように，その職務能力の向上に向つて研究し，研鑽する意欲に燃えていなければならない。

６　社会資源を活用し得ること

要援護者の指導援助の過程において，利用し得る機関，施設，組織等を有効適切に活用し，自らの職務の遂行に万全を期する融通無碍の知識と能力を持つことが大切である。

3　1957年『生活保護手帳』の刊行

生活保護適正化[20]は1950年代半ばに初めて実施されました。この時期の適正化は，扶養義務の強化，結核患者への医療費の締めつけ，在日朝鮮・韓国人に対する保護率の削減の３点が挙げられ，要保護者に対しては保護費の削減を目的とした厳しい生活保護の運用が行われました。[21] 1957年４月に実施要領の改訂が行われましたが，この改訂について生活保護監査官である柳瀬は「引き締めるべきもの」と次のように説明をしています。[22]

ここ数年来生活保護の適正化ということが強く要望され，府県や実施機関においてもその線に副つた努力が続けられてきた。最近は顕著にその成果が現われてきたわけであるが，一方これと平行して保護実施上の合理化に対する要請も大きくクローズ・アップされてきた。（中略）

20）ここでの適正化とは保護の漏給・濫給を正すものではなく被保護者を減少させることを目的としたものである（大友信勝『公的扶助の展開―公的扶助研究運動と生活保護行政の歩み―』（旬報社，2000）229頁）。

21）池谷秀登「生活保護第一次適正化における在日朝鮮・韓国人への対応」東京社会福祉史研究第10号61頁(2016)

22）柳瀬孝吉「実施要領の改訂について」生活と福祉15号12～14頁（社会福祉調査会，1957）

今次の改訂のもう一つの側面は，「引き締めるべきもの」についての強調である。既に府県や実施機関において適正化についての努力が払われその成果は顕著であつたことも事実であるが，まだまだ適正化し得る余地が残されており，それは特に現在の被保護者の実態からみて，従来の実施要領をその実態に合わせて修正し，或いは補強することにより達し得られる面が，相当あると考えられるに至つたわけである。（中略）

⑴　**生活保護実施上取扱の基本的事項を規定化したこと**

改訂前の実施要領はその規定が最低生活費の認定と収入の認定の二つの面のみからなされていたものである。

今回の改訂においては生活保護の取扱上の基本的事項については，殆んどすべてに亘つて次官通知で規定され，更にその細部の取扱について局長通知で示されている。

元来生活保護実施上の具体的なケイスの取扱や実施機関の事務処理は個々の実情に応じて千変万化する傾向と性質を持つものであつてそれは専門の知識と経験を有する社会福祉主事が機に応じて事を処すべきであつてこれを一律に規定化することはよくないという意見もあつたが，同じ問題について実施機関が異つたり，担当者が変つたりした場合にその取扱が違うということでは全国的に統一した実施が期せられないので，取扱の基本的事項は次官通知，できるだけ細部の取扱については局長通知で規定されることとなつたのである。然し，実施機関における実際の取扱がこのために動脈硬化的現象を起さないよう，殆んどすべての規定が原則又は標準として示されているのもこれらの原則又は標準を基として各実施機関毎に取扱上の展開が行われる余地を相当残しているわけである。

このため内容として新しく挙げられた事項は，世帯の認定，居住地の認定，資産の活用，扶養義務の取扱，他法他施策の活用，家庭訪問の六項目である。

このように1957年の実施要領の改訂は保護費を削減する適正化の流れの中で図られたことが分かります。その上でケースワーカー向けに『生活保護手帳』[23] が冊子として刊行されました。この冊子は文庫本サイズですので，現在の「生活保護手帳」と比べるとかなりコンパクトで，まさに「手帳」といえるものでした。

その冒頭に当時の厚生省社会局長の安田巌が，本書が適正化が要請される生活保護行政に裨益することを期待する，と次のように述べています。

23）厚生省社会局保護課監修『生活保護手帳』（共済通信社，1957）

先に，私は，本書発刊に当り，敢えて画期的な「生活保護事務必携」と推奨した。

爾来一年余，期待以上の評価を受け，今や社会福祉主事の諸君をはじめ生活保護行政に参加される人々にとって，本当の意味の「必携の書」となりつつあることを知り，かねがね本書のためのみならず，愈々その適正化が要請されつつある生活保護行政及びこの困難な行政に携わる人々に稗益することの大なるを想いひそかな喜びとしていたのであるが，今，本書の改訂再版の報に接し，その感を新にする次第である。

想うに，不断に進展する社会経済の推移は，生活保護行政の運用面にも亦，常に新たな問題を投じ，新しい取扱指針の策定を迫っている。

先の第十四次基準改訂以降においても，関連施策との調整等その例は，一，二に止まらないであろう。

本来，本書の如き事務必携は，その特質から，日々，現実の場で活用され，その生きた現実の中から「短所」「長所」が見出され，是非，改善が要請されるものなのであろう。

本書が，真に活きた「生活保護必携」たるゆえんを保持するためには，随時これらの要請に応え得る必要があるし，この要請に十全に応え得た暁こそ，本書が，待望久しかった「生活保護行政のマニュアル」となる時でもあろう。（以下略）

ここでは要保護者の立場に立つなどの姿勢が述べられることはなく，柳瀬の実施要領の改訂説明と合わせて考えると，ケースワーカーに生活保護の適正化を実施させるために生活保護手帳を作成したことが分かります。

4　1971年『新福祉事務所運営指針』

福祉事務所の設置から20年後の1971年に厚生省は『新福祉事務所運営指針』を発刊しました。発刊の理由について監修者である厚生省社会局庶務課長の岸野駿太は「行政の姿勢，国民の意識は，近時ますます福祉国家を志向し，生活万般にわたっての血の通ったサービスを地域住民は求めている」「明るい福祉事務所という70年代日本にふさわしいイメージに少しでも近づける」と少し高揚気味に，次のように述べています。[24]

24）厚生省社会局庶務課監修『新福祉事務所運営指針』（全国社会福祉協議会，1971）

監修に寄せて

福祉事務所制度創設20周年，この記念すべき秋に「新福祉事務所運営指針」を上梓する運びになったことは，まことに，うれしいの一語である。思えば，昭和26年に社会福祉事業法が制定され，福祉事務所というハイカラな役所が日本にお目見えした頃は，衣食ようやく飢餓状態を脱したとはいえ，巷に焼トタンの堀立小屋は散見し，われわれは，縄のれんに梅わり焼酎といった頃である。

ケースワークが，生活保護費節減の手段と誤解されても無理からぬこのときに，この新しい行政機関を「近代民主主義行政の基本理念であるサービス本位の行政の中核をなすものであるとの認識」のもとに「要援護者のサービス機関」として定着させるため，昭和28年に「福祉事務所運営指針」が刊行された。先人の苦心の結晶である。

その後，制度の新設，改善の多きはもとより，中央，地方を通じ，研究討議，工夫が加えられ，今日の福祉事務所は昔日の面影を一変したといっても差し支えないであろう。とはいえ，し細にこれをみるならば，福祉事務所の組織に，社会福祉主事の質，量の確保に，業務の処理の仕方，はては，建物の構造，部屋の作りと，いろいろな面に努力と工夫に差があることは否めない。試行錯誤によるところが多いのだからやむをえない。

このため，新しい運営指針を望む声を聞くこと久しであったが，何分にも業務の範囲は次第に拡大し，関係する課，係は増加する。そのなかで，公式の見解をまとめながら公務のかたわら執筆することは，仲々の難事である。

意を決してより一年，関係者の熱意と協力により，ようやく，ここにまとめることができた。行政の姿勢，国民の意識は，近時ますます福祉国家を指向し，生活万般にわたっての血の通ったサービスを地域住民は求めている。頼り甲斐のある明るい福祉事務所という70年代日本にふさわしいイメージに少しでも近づけるようにという配慮で，全篇を貫いたつもりである。

岸野のこのような姿勢の背景として，1968年から就労指導の他に高齢者，障害者，傷病者，母子などの「社会的弱者または要看護ケース」の処遇充実が示されたことを挙げ，[25] その理由に被保護世帯の質的変化を挙げています。[26]

25）1968年度の生活保護監査方針の説明では「ケース取扱いの妥当性」を主眼事項の第一の柱として取り上げ，着眼点にケース処遇の充実と義務履行を挙げている。ここでの審査対象に要看護ケース，自立助長の可能ケースを挙げケース処遇の充実を眼目とするとしている（厚生省生活保護監査参事官室「生活保護監査方針」生活と福祉145号16～18頁）。

26）「社会福祉，公衆衛生各法の充実など多制度との関連で生活保護の果たすべき役割も変化を遂げつつある。とくに最近の経済成長に伴う雇用機会の増大，賃金の上昇といった要因が稼働能力のある被保護階層に好影響を与え，被保護世帯から自立していくことになり，被保護階層の大半は老人，母子，障害者，傷病者など稼働能力のない世帯で占

そこで1970年度の実施要領の改正では次のように述べられています。[27]

「実施要領の改正　処遇の充実を最重点に　社会的弱者世帯の増加に対応」

昭和45年度の保護の実施要領の一部改正は，４月１日に施行され同日から適用されることとなったが，この改正に当り，念頭においていた改正の方向は次のことである。すなわち，被保護者の自立助長，ケース処遇の充実，事務の合理化，さらには変動する社会に即応した改正である。被保護世帯の動向は横這いの状況にあり，生活保護行政全般にやや安定のムードを生じているが，その内容を一歩踏み込んで観察するとき，被保護階層の質的な変化に着目せざるを得ない。

たとえば働いている者がいる世帯の激減，老人・母子・障害者・傷病世帯等いわゆる社会的弱者世帯の増加，医療扶助人員の増加等である。

このような変化に対応するため，社会的弱者または要看護ケースに対するケース処遇の充実ということが強く叫ばれているのであるが，実施要領の改正も特にこの点に留意した。

処遇の充実の一つは経済給付の内容改善であり，積極的な給付として，布団類家具什器費の増額，入浴設備，紙おむつの費用支給，移送費の範囲拡大等，消極的給付すなわち収入認定しないものとして，出産・就職の祝金，保護開始前の災害による補償金，補償金の支給事由となった者の弔慰に当てられる額の取扱い等がある。

他の一つは，いわゆるケースワーク的配慮にもとづく処遇の充実であり，ケースの類型化による処遇方針，処遇方法の標準化，面接時訪問時における接遇の在り方等について種々検討が加えられたが，要は現場における研究結果を待たねば体系化が困難であるとの結論を得，現場における実証的研究の成果を待つこととなった。

この背景には1968年の実施要領改正により世帯分離や敷金の範囲拡大，補償金・保険金の収入認定除外等[28]の保護の適用場面での緩和が図られたこと，1968年以降の地方交付税における福祉事務所職員の増員が図られた[29]こ

められるようになった。このような被保護世帯の質的変化という生活保護制度の直面している新しい事態に対し，被保護世帯の適正な処遇を確保するために積極的に対応していくことが求められている」厚生省社会局庶務課監修『新福祉事務所運営指針』（全国社会福祉協議会，1971）120頁。

27）厚生省社会局保護課「実施要領の改正」生活と福祉169号８頁（全国社会福祉協議会，1970）

28）厚生省保護課「実施要領の改正」生活と福祉145号８～13頁（全国社会福祉協議会，1968）

29）編集部「45年度の社会福祉行政　厚生省社会局関係主管課長会議から」生活と福祉

ともあったと思われます。さらに1970年には高校進学の世帯内就学を認めるなどの保護の充実が図られています。

そこで『新福祉事務所運営指針』では，要保護者に対してどのように対応をすることが必要かなどが強調されるようになりました。

ここでは，要保護者に対するケースワーカーの視点を「福祉事務所の門をたたく人は，長い間の貧困との闘いに疲れ果てて一見性格が偏っている人もあるかも知れないし，身体に障害をもち，前途に希望を失っている人，家族との不和をなげく孤独でかたくなな老人」「さまざまな心の迷いや心配ごとを抱えて，思い余った末相談に来る人が多い」などと貧困を現在生じている経済的困窮だけでなくその背景や心情を理解することや，貧困の結果として様々な課題が生じていることを述べその援助の必要性を示しています。

そこで，福祉事務所については，現業サービス機関の特色として迅速性，直接性，技術性３つの要件を挙げ，他の事務処理機関とは異なるとその峻別を図っています。

新福祉事務所運営指針10～12頁

２　現業サービス機関の特色

福祉事務所は，住民に直結した現業のサービス機関である。現業サービス機関は座して書類を作成したり，許認可の事務をしたり，他の機関を指揮監督して仕事をさせる等のいわゆるお役所ではなく，現実に住民が必要としている福祉サービスを自己の名と責任において直接住民に与えることを目的とする機関である。

この認識に徹しないと，現業機関としてのカラーを次第に失ない，単なる事務処理機関に堕してしまうことになる。

それでは，現業サービス機関として備えていなければならない条件ないしは特色は何か，以下の三つの要件があげられる。

⑴　**迅速性**

現業機関の活動には迅速性が伴なわなければならない。

消防署は，火災が発生すれば直ちに現場へかけつけて消火作業に当たり，保健所の防疫担当者は伝染病が発生すれば，直ちに現地において患者の隔離，消毒等防疫体制をしく。警察署は，犯罪の発生の予防について常時パトロールし，一た

168号８～９頁（全国社会福祉協議会，1970）

び事件が発生すれば，機を失せず犯人の逮捕に赴く，いずれも迅速性を重んじ，その故に国民の信頼を得，また現業機関と称することができる。

福祉事務所も住民の福祉を守る第一線の窓口であるから，仕事の進め方については迅速性が保たれていなければならない。福祉事務所に機動力の整備が必要条件とされるのもそのためである。

生活保護法においては，事務処理の期間が法定されており「迅速性」が担保されている。すなわち，保護の申請があったら14日以内に決定通知を出さなければならず，扶養義務者の資産調査等特別な事由がある場合には30日迄のばすことはできるが，それでもなお決定通知がないときは，申請者は保護の申請を却下したものとみなして不服の申立てができる権利保障の途を開いている。

生活保護法は，社会福祉法のうちでも，その性質上直接生存にかかわる度合いが強いだけに，このような手続面における権利保障が法律で担保されているわけであるが，その他社会福祉分野においても直接国民の日常生活にかかわるものだけに，この「迅速性」の具備は，現業機関としての特色の第１に掲げたい。

(2)　直接性

現業サービス機関は，その所管する福祉サービスを自己の名と責任において住民に対し直接かつ具体的に提供する機関である。つまり，町村の厚生担当者や民生委員や民間の相談員等を指揮監督して福祉行政をやらせる指導機関でもなければ社会福祉の向上について企画する行政機関でもない。所掌事務の一部として，そういう機能をも併せ持ってはいるが，少なくともそういう指導機能なり企画立案を本旨とする事務所ではない。あくまでも行政の最先端に立って，住民に対して直接ハダに触れてサービスを行なう機関である。法令・通知に基づいて民生委員なり，町村長に事務の執行上協力を仰ぐことはあっても，その協力の範囲は，この「直接性」にもとることがあってはならず，協力事務の範囲も福祉事務所の主体的な活動の中にその過程の一部として位置づけられるものである。

もっとも，福祉五法の分野では，その業務のうち「市町村長」の行なう事務，たとえばホームヘルパーの派遣，健康診査，ギャチベッドの給付，白内障に対する医療給付等は，市の場合は，実際には市の福祉事務所が所掌することになることが多いので所掌事務の範囲のうえからも，市部福祉事務所は郡部福祉事務所よりも直接性の機能を多く持っているということはいえる。

直接性の特色を強調するゆえんは，福祉事務所が民間の福祉団体や町村や民生委員等の上部構造として書類相手のハンコ行政的な色彩を持つようになるのを極力避けたいからである。後に述べる福祉事務所の設備構造も面接室も，ケースの類型区分に応じた訪問活動もすべて住民のハダに触れてサービス行政を進めていくための条件を満たすためである。

(3)　技術性

福祉六法の業務は対人行政である。書類相手の机上事務であれば，それに必要な法令通知についての知識があればよく，技術性などは強調するに当たらない。ところが福祉事務所行政は，直接住民に対し，福祉サービスを供与する行政であるから，その対人行政に伴なうところの特殊の技術性が必要とされるわけである。

それでは対人行政に伴なう技術性とは何か，具体的には，面接の技術，ケースワークの技術，グループ・ワークの技術，コミュニティ・オーガニゼーションの技術等であって，これらの技術・方法を内側から支えているものとしての心理学，行動科学，社会学，社会福祉法制，医学知識，法律学，経済学等の素養が要求されているのである。福祉事務所の門をたたく人は，長い間の貧困との闘いに疲れ果てて一見性格が偏っている人もあるかも知れないし，身体に障害をもち，前途に希望を失っている人，家族との不和をなげく孤独でかたくなな老人，知恵[編注ママ]遅れの子供を持って思いつめている親，夫が蒸発し，途方にくれている母子等，さまざまな心の迷いや心配ごとを抱えて，思い余った末相談に来る人が多いのである。これらの人達と接触する現業活動職員は，そのような相手の気持を十分に洞察できる素養・知識及びケースを自立更生させるための処遇の技術を身につけていなければならない。

これらの技術は本を読んだから判るというものではなく，査察指導員の下における日常の訓練，数多くの社会資源についての知見，事例研究を通じてのケースの診断能力の向上等によって次第に磨き上げられていくものである。これらの診断技術，処遇技術が社会福祉行政の専門性の中心になっているといってよい。

以上の「迅速性」，「直接性」，「技術性」を具備することによって，始めて福祉事務所は他の事務処理機関と峻別できる特色を持つことができる。この三つの要素を欠けば，それは現業サービス機関でも専門機関でもないから，したがって「福祉事務所」という特別の行政機関を設置する必要はなくなってしまう。

文章は少し砕けているようにも思えますが，この現業サービス機関の特色の趣旨は現在でも有効であり，ケースワーカーの家庭訪問による被保護者の生活状況把握については指導監査での確認事項とされています。この福祉事務所の特色を基にして面接員の心構え，現業員（ケースワーカー）の職務のあり方などについても次のように解説がされています。

面接員の心構えとしては，自己洞察，共感，傾聴が挙げられるようになり，援助者としての面接のあり方について整理がされています。

新福祉事務所運営指針81～82頁

２　面接員の心構え

自己洞察が必要

面接員は，まず，自分自身を知る必要がある。ボランティアとしてではなく，職業人として面接する者であること，その権限と責任はどこまで及ぶものであるか，そして社会的役割は，次に人間的事実の自覚すなわち，自分の年齢，性，体格，風貌はどうであり，そして他人はこれ等を一般的にどのようにうけとめる傾向をもっているか，さらに大切なことは，自分の人格特性ないしは人格の成熟度について相当深い自己洞察ができていなければならない。これが良くできるということは，面接技術の熟達と密接な関係がある。面接員に要求される資質は，誠実さと謙虚さとであり，この資質があって，技術の熟達が生きる。そうなるためには，自己人格の洞察が深くなることへの努力が常に必要とされる。

共感すること

面接員は，対象者とともに，彼の不幸や苦悩を自らの不幸や苦悩として追体験する。すなわち共感することができれば対象者をして心をとざすことなく，自らの不幸と苦悩に立ち向かわしめることができる。この境地においては面接員は対象者に対して，何もしてあげることはできない。面接員は，対象者と共にいて，対象者が自らその不幸と苦悩に立ちむかうことを見まもることができるだけである。しかし，対象者はもはや「１人ではない」ことによって，自らの存在に気づき，閉じた心を開いて生きようとしはじめるのである。治療面接の術である「受け入れ」,「支え」,「勇気づけ」ることが生きるのは，このようなふれあいがあってのことである。

よい聴き手になること

よい面接とは傾聴面接のことだといわれる。面接員がよい聴き手になり，対象者に十分いわせる機会を与えるということは，心理的にも重要な意味を含んでいる。人は誰でも心の中にうっ積していることを何らかの方法で外に吐き出すことができれば，気持が楽になって，それだけでかなりの治療面接的な意味を持つ援助になる。

傾聴面接になっているか否かを判断する一つの方法として，面接の会話を仮に速記したとして，面接員の言葉と，対象者の言葉を別々にして順に並べてみる。両者の発言量を比べてみて，面接員の発言量より対象者のそれの方が多いときは，傾聴面接になっており，大体においてよい面接だといえる。反対に面接員の発言量が多い面接は，とかく面接員の側からの指示，暗示などが多く含まれていて，望ましくないといえよう。

ケースワーカーの業務遂行の姿勢については，社会福祉行政の理念，公的扶助運営のあり方を身につけて，社会的に弱い人々の自立更生に奉仕するという「至純な情熱」と「積極的な意欲」を求めています。

新福祉事務所運営指針123～124頁

３　現業員

現業員は，査察指導員の指導監督のもとに，保護の決定実施面においては，保護の要否および程度を判定するため調査，決定手続，被保護者の生活指導等きわめて重要な役割をになうものであり，福祉事務所における活動の中核体である。

現業員は，このような使命を体し，社会福祉行政の理念，公的扶助運営等の正しいあり方を身につけ，かつ，社会的に弱い人々の自立更生に奉仕するという至純な情熱と積極的な意欲をもって，それぞれの要保護者の個別的需要とその人間性，行動，欲求等の特性をも正しく理解し，公的扶助施策がその本来の主旨に沿って十分な機能を果たしうるよう積極的な実践活動をしなければならない。

しかして現業員には，生活保護事務の取扱いにおいて，有能なケースワーカーとしての資質とならんで周到ち密，かつ，迅速，適確に事務を処理する能力をもつ事務取扱者としての資質が要求されている。

(1)　保護の要否確認と措置決定上の留意点

保護は，法令および取扱指針の示すところにより適法に，かつ合理的な手続によって行なわれなければならない。そのためには，保護の受給要件に関する調査とこれに基づいて行なう決定手続について，次に掲げる点に十分留意する必要がある。

ア　保護の要否および措置の決定に必要とされる確かな事実と証拠をつねにもれなく把握しなければならない。

イ　調査によって集めた情報，資料につき慎重な検討を行ない，資料と生活事実との相互関係およびその意味合いを吟味し要保護者の需要を正確に測定すること。

ウ　情報，資料は，定められた様式と手続により重要度を考慮して論理的，系統的に集録する。

エ　要保護者の需要に即して適法な措置を迅速にとること。

(2)　ケース処遇上の留意点

ケースの処遇にあたっては，経済的困窮を軽減するために給付を単に事務的に行なうというだけにとどまらず，要保護者の感情，欲求等情緒的な側面についても常に関心を払い，その精神的安定と自主独立に貢献するような配慮をもって取扱うことが要請される。（以下略）

このように被保護者に対する姿勢としては，現代でも通じるものが，この時期に厚生省から示されました。さらに「ケースの処遇」の項では，小山進次郎が20年前に著した『改訂増補 生活保護法の解釈と運用』で述べている自立助長の説明と同様の内容を，表現を若干変えた上で「最低生活の保障とともに，自立の助長ということを制度の目的の中に含めたのは，人はすべてそれぞれ何等かの自主独立の可能性をもっているから，その内在的可能性を発見し，それを助長，育成し，その人をしてその能力にふさわしい状態において社会生活に適応させることが，真実の意味において生存権を保障するゆえんであるという理念に基づく」と示しています。

また，被保護者の精神的な側面にも関心を払うことを強調し，貧困により生じる生活課題についても指摘がされています。ここでは人の尊厳の尊重，要保護者の人格・権利の擁護，信頼関係の醸成などをケースワーカーの業務のあり方として取り上げていることは，生活保護法の制定後20年を経た大きな到達点と考えられます。

新福祉事務所運営指針155～157頁

第６節　ケースの処遇

生活保護のケース処遇といえば一般には，最低生活の保障（保護の決定実施）に関する取扱いの面と，被保護者に対し，保護を行なう過程においてなされる指導，その他援助等事実上の取扱いとの両面を含む概念として理解されている。

ここではいわば事実行為としてケースを取扱うにあたって留意すべき事項について述べることにする。

１　ケース取扱いの基本的態度

生活保護制度は，周知のとおり第一義的には生活に困窮する者に対し最低生活を保障することにあるが，単に経済給付を行なうだけでなく，その自立を助長するという目的をも達成するよう運用されなければならないものとされている。

前者は，制度の社会保障的側面であり，後者は社会福祉の側面をあらわすものといえる。

最低生活の保障とともに自立の助長ということを制度の目的の中に含めたのは，人はすべてそれぞれ何等かの自主独立の可能性をもっているから，その内在的可能性を発見し，それを助長，育成し，その人をしてその能力にふさわしい状態において社会生活に適応させることが，真実の意味において生存権を保障するゆえんであるという理念に基づくものである。

そこで，この制度の運用に当たり，保護の要否の確認や程度，方法に関する手続きを事務的に処理するだけでは社会保障の側面は充足され得ても，この制度の目的とされるもう一つの側面，すなわち自立助長につながる「社会福祉」の側面が見落されることになる。

社会福祉に通ずる自立助長も，経済的側面からとらえると，経済的生活基盤の回復への援助であるが，欠乏からの回復という一つだけの関心のみでなく，援助を求めている被保護者の精神的な側面にも関心を払いその安定に貢献するような配慮をもって取扱うことが重要である。

つまり，人々が長く困窮状態に陥ると，ともすれば敗北感から無気力になり，困難に立ち向う努力を失い他者へ依存する傾向を生みがちであるが，要保護者がこのような退行状態に陥ることを防止し，人間の価値と可能性に信頼をおき要保護者の人格的成長を促進する機会と状態を育みその者を精神的にも自立させるような指導，援助を行なうことが制度の目的に沿うものなのである。

対象者の欲求，行動と取り組んでそれを処理することが生活保護本来の仕事ではないが，個々のケースの処理過程において，現業員は要保護者から持ちこまれてくる感情や欲求の問題を不可避的に取り扱わざるを得ない立場に立つことが多い。

それゆえ，生活保護行政に携わる者は人間行動の感情的側面にも常に関心をもち，それを理解する態度を身につけていなければならない。

この専門的態度を体得し，それを保持することを可能にするものは，普段の厳格な訓練以外に多くの期待をよせることはできないとされているが，生活保護を個々の世帯に適用する過程で配慮すべき原則的な考え方を示すと次のような点である。

⑴　被保護者の人としての尊厳と個別性を認識し，人としてもつ共通のニードに慎重に配慮するとともに，その個別的事情またはニードを的確に把握し，自立意欲を損なうことのないよう，その個別性に即した適切な援助を行なうようつとめること。

⑵　被保護者が自らの意思と能力に基づいて計画や行動を決定するように導くことにつとめ，現業員の個人的な価値判断基準等を相手に押しつけたり，不当に相手の人格または権利を損なうことのないよう心がけること。

⑶　被保護者の立場や心理をよく理解して，その感情や行動を冷静に受け容れるとともに，いかなる事態においても客観的態度で公正に取り扱うようつとめること。

⑷　適切な処遇を行なっているかどうかについて常に反省するとともに正しい知識，技能の研鑽につとめること。

⑸　組織の成員としての自覚に立って被保護者との信頼関係の醸成につとめ福祉事務所の機能と役割または保護の要件，被保護者の義務等についてよく理解させ，被保護者が自主的に責任を果たすように指導すること。

⑹　必要な指導指示は厳正に行なうべきであるが，それを行なうにあたっては，予想される局面を十分見通したうえで慎重な計画と手順のもとに行ない，その経過および結果を確認し検討すること。

5　1987年『指導監査からみた生活保護の実務』

1981年に厚生省社会局保護課長・監査指導課長通知「生活保護の適正実施の推進について」[30] が出され，生活保護行政では生活保護の適正化[31] が推進されることになります。これにより生活保護行政の被保護者への対応は，『新福祉事務所運営指針』で示されていた要保護者の尊厳・人格・権利の尊

30）昭和56年11月17日社保第123号。『生活保護手帳2022年度版』（中央法規，2022）715～724頁

31）この時期の適正化は福祉事務所による過度の就労指導や挙証責任を被保護者に負わせる行政運営，スティグマの強調等により保護からの排除が進められた。池谷秀登「貧困と生活保護　生活保護の到達点と諸課題」社会福祉研究130号41～49頁

重などは重視されなくなり，適正化に沿った被保護者の削減を図る対応が行われるようになりました。

厚生省は各地の福祉事務所によるこれらの対応を積極的に評価し「このような創意工夫した取り組み事例を収集し」たものとして，厚生省社会局監査指導課長監修の『指導監査からみた生活保護の実務』[32)]を発刊します。この書籍ではケースワーカーが要保護者に保護を受給させず，いかに排除するかを目的とした福祉事務所の手法がモデル例として紹介されています。

栃木県内の福祉事務所では，面接相談の来訪者に対して次のような内容のチラシを作成していることを紹介し評価しています。ここでは，保護受給による義務や「制約」を強調するとともに，不正確な説明で刑法の処罰をちらつかせ，ケースワーカーの指導指示は必ず守らなければならないと，下線や感嘆符の「！」を多用し，威圧してスティグマを与えることを図っているように感じられます。

『指導監査からみた生活保護の実務』96～97頁

「生活保護」を申請するまえに!!

「生活保護」は，真に生活に困った場合に国が最低生活を保障し，自分の力で生活できるように援助する制度です。

本当に生活に困ったとき，生活扶助や医療扶助などの「生活保護」を申請することは国民の「権利」です。同時に，最低生活の保障であることから，「生活保護」を受けるには，いろいろの「義務」や「制約」があります。

○自分のもっている能力や資産など，あらゆるものを最低生活のために，活用しなければなりません。！

最低生活に必要のない余分の資産（土地・建物のほか家具，貴金属，預貯金，保険など，すべてのもの）は，売却・処分するなどして最低生活のために活用しなければなりません。

（保有の認められないものもあります。）

親・兄弟・子供など，民法にきめられた扶養は生活保護に優先します。他の法律や制度による給付は，すべて活用しなければなりません。病気やけがなどの，正当な理由がないのに働かないときは，保護は受けられません。

32）厚生省社会局監査指導課長塩崎信男監修『指導監査からみた生活保護の実務』（社会福祉調査会，1987）

○収入があったとき，仕事がかわったとき，家族にかわったことがあったとき，そのほか，毎日の生活にかわったことがあったときは，すぐに届けなければなりません。！

届出をしなかったり，事前に相談のなかったときは，不利益な取扱を受けることがあります。また，故意に届出をしなかったり，虚偽の届出をしたり，不正な手段で保護をうけたときは，さかのぼって保護を廃止されたり，刑法により処罰されることもあります。

○必要な保護の程度や要否を判定するため，面接や家庭訪問などの調査をします。ありのままを教えてください。！

調査は，どのような援助が受けられるか，どうすれば自分の力で生活できるかなど，相談したり考えたりする資料にもなります。いいずらいこと，はずかしいとおもうことも，聞かなければなりません。生活のありのままを教えてください。もし，調査を拒否したり，嘘の申し立てをした場合は，保護が受けられないほか，刑法により処罰されることもあります。

○最低生活を保障するために，また，自分の力で生活できるよう援助するために，いろいろな指導や指示をします。指導や指示は必ず守らなければなりません。！

法律で決められたことを守ることは当然です。法律にもとずく指導や指示を守らないときには保護は受けられません。また，自分の力で生活するために，やらなければならないことや守らなければならないことがあります。そのための，指導や指示にも従わなければなりません。正当な理由がなく，故意に従わないときには保護は受けられません。なお，納得できないときには不服申し立ての方法もあります。

また神奈川県内の福祉事務所の「申請者への連絡書」では，申請前に傷病のため働けないという医師の診断を受けることを指示しています。これでは生活困窮のため医療費の支払いが困難な人の場合は申請が行えないことになりかねませんが，それを承知の上で行っているように思われます。また，生活保護の申請に来所するときには保護申請の要件ではない書類の持参とともに事前に担当職員へ電話をすることを求めています。[33] ここでは生活保護の申

33）現在の厚生労働省はこのような行為を禁じている。厚生省社会・援護局長通知「生活保護法施行事務監査の実施について」平成12年10月25日社援第2393号では，生活保護法施行事務監査事項の「面接相談の体制，保護の開始，廃止の状況」の着眼点，(6)相談者に対し，「居住地がなければ保護申請できない」，「稼働年齢層は保護申請できない」，「自動車や不動産を処分しなければ申請できない」などの誤った説明を行ったり，扶養が保護の要件であるかのように説明するなど，保護の申請権を侵害するような行為及び申請権を侵害していると疑われるような行為は厳に慎んでいるか。(7)相談者に対しては，保護申請の意思を確認しているか。申請の意思が表明された者に対しては，保護申請に当たって事前に関係書類の提出を求めることなく，申請書を交付し，申請手続について

請は権利ではなく，行政の恩恵と理解されているように思われます。

『指導監査からみた生活保護の実務』106頁

1　生活保護申請前に必ず次のこと（○印）を済ませてください。
　1　世帯主・世帯員（　・　）が病院で診察を受け，傷病のため働けないという医師の診断（書）をうけること。
　2　前夫と養育料について話し合い，適正な養育料を定めること。
　3　前夫と養育料について話し合いがつかない場合は，家庭裁判所に養育料について調停の申し立てをすること。
　4　能力を最大限に生かして出来るだけ高収入が得られるような仕事に就職又は転職すること。
　5　扶養義務者全員に困窮した状況を相談し援助を依頼すること。
　6　資産（自動車，オートバイ，生命保険，学資保険）を処分すること。
　7　預金，手持金を節約して生活費にあて，残金が　円位になっていること。
　8　その他

2　生活保護申請に来所する時は，事前に面接担当に電話連絡してから上記関係書類と次のもの（○印）を持って来て下さい。
　1　印鑑
　2　前３ケ月分の給与証明書
　3　年金，恩給証書と改定通知
　4　児童扶養手当証書
　5　雇用保険受給資格者証
　6　傷病手当金支払い通知書
　7　資産を処分したことの証明書
　8　車検証
　9　生命保険証書等
　10　預金通帳全部（記帳済のもの）
　11　土地，建物の権利書
　12　土地，建物の登記簿謄本
　13　負債の一覧表
　14　家賃，地代の通帳
　15　アパートの契約書，物件説明書
　16　年金手帳
　17　健康保険証
　18　就労状況申告書
　19　扶養義務者届
　20　その他

このような対応をケースワーカーに対して組織的に行うために作られたものが，北海道内の福祉事務所の「面接相談に当たって留意すべき基本的事項（要綱）」があります。ここではケースワーカーに対して「安易に保護が行われるものではない」ことを強調し，要保護者に保護を受給させないように働

の助言は，適切にされているか。(8)申請書及び同意書を書面で提出することが困難な申請者に対しては，口頭申請など申請があったことを明らかにするための対応が執られているか，などが明記されている（『生活保護手帳2022年度版』（中央法規，2022）759頁）。

きかけることを求めています。

『指導監査からみた生活保護の実務』100頁

面接相談に当たって留意すべき基本的事項（要綱）

生活保護は「困ればお金がもらえるんだ」というものではなく，自己努力のうえなおかつ最低生活が営めない場合に，はじめて必要な生活保護が行われるものである。

生活保護はすべての国民に対し平等に生活を保障するための最後の手段として行なわれるものであることから，被保護者に対しては，まず自力により，または扶養義務者からの援助により，最低限度の生活維持をするために最善の努力をさせ，然る後にはじめて生活保護を補足的に行うものである。

【自己努力とは】

⑴　家族のうちで働ける者は働き，家族全員で自立へ向け努力する。

⑵　さしあたり必要がない物で処分価値のある物品等は売却してもらい，生命保険などは解約または借入をしてもらうこともある。

⑶「夫婦・親子・兄弟姉妹・その他ちかい親族は，お互いにたすけあわなければならない」と云う民法の規定にしたがって，まず扶養義務者に援助をたのむほか，その他自立に向けての協力体制の確認をする。

⑷　健康保険・雇用保険・労災保険・各種年金等，色々な貸付制度，減免制度，その他の法律によって受けられる制度は全部活用すること。

緊急の場合を除いては，まずこれらをはっきりさせなければならない。

保護の経費は国民の税金で賄われていることから，被保護者はそのもてる能力に応じて最善の努力することが先決であり，そのような努力をしても，なおかつ最低生活が困難な場合に，はじめて保護が行われるものである。

決して安易に保護が行われるものでないと云うことが，生活保護制度の基本になっている。

このように，生活保護行政における自立助長は，「適正化」の際には保護からの脱却や保護を受給しないことが強調され，「自立イコール保護廃止」の構図につながりやすい特徴があります。この「適正化」の手段としては，福祉事務所による過度の就労指導や挙証責任を被保護者に負わせる行政運営，スティグマの強調などにより保護受給から排除することがケースワーカーに求められました。

「適正化」の生活保護行政への影響は大きく，要保護者に対する貧困の個人責任や「惰民」観がケースワーカーに定着化させる作用を持ったのです。この顕著な例が「生活保護の申請をした人が保護を認められず，その後死亡した」北九州市における生活保護行政[34)]と考えられます。これらのことは一地方自治体のみならず，福祉事務所により程度の差はあれ生活保護行政では広く保護受給の抑制が進められました。

6　生活保護制度の在り方に関する専門委員会報告

要保護者に対して厳しい対応を生活保護行政は進めていましたが，「近年，社会福祉の制度が充実してきたにもかかわらず，社会や社会福祉の手が社会的援護を要する人々に届いていない事例が散見されるようになっている」との問題意識から「いくつかの現在生起している課題の実態を踏まえ，個別具体的な解決の方法を考え，それらを総合化していくという検討方法」により2000年12月に「「社会的な援護を要する人々に対する社会福祉のあり方に関する検討会」報告書」が出されています。

ここでは，従来は（経済的）貧困を重視してきましたが，現代においては問題がより複雑化していると次のような指摘を行っています。

３．対象となる問題とその構造

従来の社会福祉は主たる対象を「貧困」としてきたが，現代においては，
・「心身の障害・不安」（社会的ストレス問題，アルコール依存，等）
・「社会的排除や摩擦」（路上死，中国残留孤児，外国人の排除や摩擦，等）
・「社会的孤立や孤独」（孤独死，自殺，家庭内の虐待・暴力，等）
といった問題が重複・複合化しており，こうした新しい座標軸をあわせて検討する必要がある。

このうち，社会による排除・摩擦や社会からの孤立の現象は，いわば今日の社会が直面している社会の支え合う力の欠如や対立・摩擦，あるいは無関心といったものを示唆しているともいえる。

具体的な諸問題の関連を列記すると，以下の通りである。
・急激な経済社会の変化に伴って，社会不安やストレス，ひきこもりや虐待など社会関係上の障害，あるいは虚無感などが増大する。
・貧困や低所得など最低生活をめぐる問題が，リストラによる失業，倒産，多重

34）北九州市生活保護行政検証委員会「最終報告書」2007年12月

債務などとかかわりながら再び出現している。
・貧困や失業問題は外国人労働者やホームレス，中国残留孤児などのように，社会的排除や文化的摩擦を伴う問題としても現れている。
・上記のいくつかの問題を抱えた人々が社会から孤立し，自殺や孤独死に至るケースもある。
・低所得の単身世帯，ひとり親世帯，障害者世帯の孤立や，わずかに残されたスラム地区が，地区ごと孤立化することもある。
・若年層などでも，困窮しているのにその意識すらなく社会からの孤立化を深めている場合もある。これらは通常「見えにくい」問題であることが少なくない。

以上の整理は，あくまで例示であって，これらの問題が社会的孤立や排除のなかで「見えない」形をとり，問題の把握を一層困難にしている。孤独死や路上死，自殺といった極端な形態で現れた時にこのような問題が顕在化することも少なくない。

そのため，「見えない」問題を見えるようにするための，複眼的取り組みが必要である。

この報告では解決に向けての具体的な提案などはされていないように思われますが，生活保護については「新たな形の社会的課題をも視野に入れて検証」を行う必要を指摘しています。

生活保護制度の検証

制定50周年を迎えた生活保護制度について，経済社会の変化，貧困の様相の変化（高齢単身者の増加等）を踏まえ，保護要件，適用方法，自立支援機能，保護施設機能，社会保険制度との関係などの諸論点について，最低生活の保障を基本に，本報告書で指摘した新たな形の社会的課題をも視野に入れて検証を行う必要がある。

生活保護行政が要保護者を保護から排除することは，社会の中で様々な問題が生じる中で無理が生じてきていたのです。

このような状況の中で，生活保護行政の大きな展開点となったのは2004年の社会保障審議会福祉部会生活保護制度の在り方に関する専門員会報告書（以下，「専門委員会報告書」という。）です。この委員会は下記のような問題意識の下に，生活保護基準の考え方，自立助長の機能などについて，実態に基づいて議論をすることでした。[35)]

今日の国民生活を取り巻く状況は，現行制度が成立した1950年頃の状況はもとより，高度経済成長を経て多くの人々が「中流」生活を実感した時代の状況とも大きく様相を異にしている。特に，バブル経済崩壊後の日本の社会経済に生じている産業構造の変化，絶えざる技術革新や情報革命，雇用の流動化，そして家族形態の変貌等は，個々人の自己実現への機会を拡大する反面で，失業の増加や収入の低下，ストレスの増加，地域社会からの孤立や孤独，「ひきこもり」，自殺，虐待等多様な生活不安や問題を大きくさせている。

このような時代にあって，生活保護制度が国民の最低限度の生活を保障する最後のセーフティネットとしての役割を果たし続けるために，今，どのような制度の在り方や生活保護基準の水準が妥当であるかが問われている。

（中略）

本委員会は，「利用しやすく自立しやすい制度へ」という方向の下に検討を進めてきた。すなわち，生活保護制度の在り方を，国民の生活困窮の実態を受けとめ，その最低生活保障を行うだけでなく，生活困窮者の自立・就労を支援する観点から見直すこと，つまり，被保護世帯が安定した生活を再建し，地域社会への参加や労働市場への「再挑戦」を可能とするための「バネ」としての働きを持たせることが特に重要であるという視点である。この結果，被保護者は，自立・就労支援施策を活用することにより，生活保護法で定める「能力に応じて勤労に励み，支出の節約を図り，その他生活の維持，向上に努める義務」を果たし，労働市場への積極的な再参加を目指すとともに，地域社会の一員として自立した生活を送ることが可能になる。

専門委員会報告書自体は加算の在り方などの問題もあり，検討すべき点はありますが，大きく評価すべき点として生活保護の自立について整理したことが挙げられます。ここでは次のように生活保護の目的である自立助長を三つの自立支援として提起しました。

「自立支援」とは，社会福祉法の基本理念にある「利用者が心身共に健やかに育成され，又はその有する能力に応じ自立した日常生活を営むことができるように支援するもの」を意味し，就労による経済的自立のための支援（就労自立支援）のみならず，それぞれの被保護者の能力やその抱える問題等に応じ，身体や

35）第１回の川村社会・援護局長の挨拶「第１回専門委員会」議事録

精神の健康を回復・維持し，自分で自分の健康・生活管理を行うなど日常生活において自立した生活を送るための支援（日常生活自立支援）や，社会的なつながりを回復・維持するなど社会生活における自立の支援（社会生活自立支援）をも含むものである。

生活保護の目的の一つである自立助長を自立支援として社会福祉法の基本理念から述べていますが，ケースワーカーによる実際の支援に当たっては，日常生活自立と社会生活自立の明確な区分は難しいところです。しかし，生活保護の自立については法制定時の「惰民養成の防止」の有無とともに，保護からの脱却とだけとらえる傾向が強いことから，経済的な問題とは異なる日常生活自立，社会生活自立を掲げることで，保護からの脱却（保護廃止）だけが生活保護の自立ではないことを明らかにしたことが重要と考えられます[36]。

専門委員会報告を受けて2005年３月には厚生労働省社会・援護局長通知「平成17年度における自立支援プログラムの基本方針について」[37]が出されました。ここでも生活保護における自立を「就労自立」「日常生活自立」「社会生活自立」とすることで，法制定時からの自立助長の議論にひとまず幕を引くこととなったのです。

一方で，生活保護の目的である自立を「就労自立」「日常生活自立」「社会生活自立」とすることはそれらの支援を生活保護行政の範疇として行わなくてはならないことになります。しかし，被保護者の状況が多様であり，身体や精神の健康を回復・維持し，自分で自分の健康・生活管理を行うなど日常生活において自立した生活を送るための支援や，社会的なつながりを回復・維持するなど社会生活における自立の支援を担当ケースワーカーだけで行う

36）岩田正美「「生活保護制度の在り方に関する専門委員会」を終えて」生活と福祉586号22頁

37）平成17年３月31日社援発第0331003号。『生活保護手帳2022年度版』（中央法規，2022）863～866頁

ことは困難となります。そこで，生活保護行政の支援手法として「自立支援プログラム」が提起されました。

> 生活保護制度を「最後のセーフティネット」として適切なものとするためには，(1)被保護世帯が抱える様々な問題に的確に対処し，これを解決するための「多様な対応」，(2)保護の長期化を防ぎ，被保護世帯の自立を容易にするための「早期の対応」，(3)担当職員個人の経験や努力に依存せず，効率的で一貫した組織的取組を推進するための「システム的な対応」の３点を可能とし，経済的給付に加えて効果的な自立・就労支援策を実施する制度とすることが必要であると考えられる。
>
> このためには，被保護世帯と直接接している地方自治体が，被保護世帯の現状や地域の社会資源を踏まえ，自主性・独自性を生かして自立・就労支援のために活用すべき「自立支援プログラム」を策定し，これに基づいた支援を実施することとすべきである。

専門委員会報告を受け厚生労働省は先の社会・援護局長通知[38)]で自立支援プログラム導入の趣旨を説明し，その実施を全ての福祉事務所に求めて現在に至っています。

> 第１　自立支援プログラム導入の趣旨
>
> ○　今日の被保護世帯は，傷病・障害，精神疾患等による社会的入院，DV，虐待，多重債務，元ホームレス，相談に乗ってくれる人がいないため社会的なきずなが希薄であるなど多様な問題を抱えており，また，保護受給期間が長期にわたる場合も少なくない。
>
> 一方，実施機関においてはこれまでも担当職員が被保護世帯の自立支援に取り組んできたところであるが，被保護世帯の抱える問題の複雑化と被保護世帯数の増加により，担当職員個人の努力や経験等に依存した取組だけでは，十分な支援が行えない状況となっている。
>
> このような状況を踏まえ，経済的給付を中心とする現在の生活保護制度から，実施機関が組織的に被保護世帯の自立を支援する制度に転換することを目的として，自立支援プログラムの導入を推進していくこととしたものである。
>
> ○　自立支援プログラムとは，実施機関が管内の被保護世帯全体の状況を把握した上で，被保護者の状況や自立阻害要因について類型化を図り，それぞれの類型ごとに取り組むべき自立支援の具体的内容及び実施手順等を定め，これに基

38）平成17年３月31日社援発第0331003号。『生活保護手帳2022年度版』（中央法規，2022）863～866頁

づき個々の被保護者に必要な支援を組織的に実施するものである。
　個々の担当職員の努力により培われた経験や他の実施機関での取組の事例等を具体的な自立支援の内容や手順等に反映させていくことにより，こうした経験等を組織全体として共有することが可能となり，自立支援の組織的対応や効率化につながるものと考えられる。
　なお，全ての被保護者は，自立に向けて克服すべき何らかの課題を抱えているものと考えられ，またこうした課題も多様なものと考えられる。このため，自立支援プログラムは，就労による経済的自立（以下「就労自立」という。）のためのプログラムのみならず，身体や精神の健康を回復・維持し，自分で自分の健康・生活管理を行うなど日常生活において自立した生活を送ること（以下「日常生活自立」という。），及び社会的なつながりを回復・維持し，地域社会の一員として充実した生活を送ること（以下「社会生活自立」という。）を目指すプログラムを幅広く用意し，被保護者の抱える多様な課題に対応できるようにする必要がある。

7　３つの自立概念の影響

就労自立，日常生活自立，社会生活自立という三つの自立の考え方とそれを前提にした自立支援プログラムは，その後の生活保護行政のみならず生活困窮者一般の支援のあり方にも大きな影響を与えることとなりました。

2010年７月に「生活保護受給者の社会的な居場所づくりと新しい公共に関する研究会報告書」[39] が出されました。この研究会の趣旨は次のように自立支援プログラムと三つの自立概念を前提にした上で，社会とのつながりの重要性を述べています。

　自立助長推進のため，平成17年度から自立支援プログラムが導入され，各自治体においては，受給者の状況に応じて，経済的自立，社会生活自立，日常生活自立を目指すためのプログラムを策定・実施し，被保護者の自立支援に取り組み，一定の成果をあげてきた。

（中略）

　現在の厳しい雇用情勢のもとで，就労を希望しているが，なかなか就職に結びつかなかったり，求職活動が長期化する中で働く意欲を失ってしまい，就労という社会とのつながりがなくなった結果，社会から長らく孤立する人が増えてきている現状にある。

39）生活保護受給者の社会的な居場所づくりと新しい公共に関する研究会「生活保護受給者の社会的な居場所づくりと新しい公共に関する研究会報告書」平成22年７月

> これらの人たちについては，これまでも自立支援プログラムによる支援を行ってきたが，今後さらに推し進めていくには，企業等の一般就労による経済的自立を目標に設定して，その実現のための支援策を講じるだけではなく，あわせて，日常生活自立や社会生活自立を考慮して社会とのつながりを結び直す支援を行うことが必要である。
> また，学業や進学の環境が十分に用意されない生活保護世帯の子どもが成長し，再び生活保護世帯になるという貧困の連鎖を防止するために，まずは地域に子どもがありのままでいられるような場を確保し，学習支援と共に社会性や他者との関係を育む支援を行うことが必要である。
> このように，生活保護受給者が社会とのつながりを結び直すことができるようにするためには，生活保護受給者のための「社会的な居場所」づくりを進めることが極めて有効であると考えられる。
> こうした社会的な居場所づくりには，先進事例を見ても，当事者（生活保護受給者）を中心として，企業，NPO，社会福祉法人，住民等と，福祉事務所をはじめとする行政が協働する「新しい公共」が不可欠である

この報告書では自立支援，被保護者の社会とのつながりを結ぶ支援に当たっては，福祉事務所だけではなく，企業，NPO，社会福祉法人，住民等も含めて行うこととされています。社会福祉法人やNPOだけではなく企業を生存権保障の生活保護行政にどのように関連させるのかという問題はあるかとは思いますが，ケースワーカーにはこれらの協働を構築し実践することが求められることとなります。

2013年には「社会保障審議会生活困窮者の生活支援の在り方に関する特別部会報告書」[40)]が出されました。この報告は，その後の生活保護行政，生活困窮者施策に大きな影響を与えることになりました。

報告書では，生活保護制度の見直しについての項を設けて，基本的な考え方を次のように述べています。

> ○　生活保護制度には，その後に国民の生活を保障する公的な仕組みはなく，い

40）社会保障審議会生活困窮者の生活支援の在り方に関する特別部会「社会保障審議会生活困窮者の生活支援の在り方に関する特別部会報告書」平成25年１月25日

わゆる「最後のセーフティネット」としての役割を引き続き十分に果たしていくことが求められている。
○　また，生活保護の受給者に対して，就労等を通じて積極的に社会に参加し，個々人の状態や段階に応じた自立ができるよう，本人の意欲を喚起しつつ，支援を行っていくことは，生活保護制度が目的とするところでもある。
○　しかしながら，近年の生活保護受給者が急増する等の状況にあって，現在の生活保護受給者の自立を助長する仕組みが必ずしも十分とは言い難い状況にある。このため，新たな生活困窮者支援体系の構築に併せ，これと一体的に生活保護制度の見直しも行い，両制度が相俟って，それぞれの生活困窮者の状態や段階に応じた自立を促進することが必要である。

生活保護の目的を「就労等を通じて積極的に社会に参加し，個々人の状態や段階に応じた自立ができるよう，本人の意欲を喚起しつつ，支援を行っていくこと」ではあるものの，現在の生活保護行政では自立助長の仕組みが不十分であると述べています。そこで，切れ目のない就労・自立支援とインセンティブの強化を掲げて，就労支援の強化を図り，次に健康・生活面等に着目した支援を掲げて，①生活保護受給者の健康管理を支援する取組について，②生活保護受給者の家計管理を支援する取組について，③生活保護受給者の居住支援に係る取組について述べています。[41)]

このように生活保護法の自立助長は経済的な自立とともに，非経済的な自立である日常生活自立，社会生活自立も含まれていることを前提として，生活保護のあり方，制度見直しが検討されることになりました。

これらの自立の考え方は，生活保護の要件に関わる就労支援の議論でも同様とされています。厚生労働省社会・援護局保護課生活保護受給者に対する就労支援のあり方に関する研究会[42)]では，生活保護法の目的である自立について議論がされています。これは就労支援に当たり経済的な自立だけを目的

41）これらの取組についてはその後，就労自立給付金（法55条の４），被保護者就労支援事業（法55条の７），被保護者健康管理支援事業（法55条の８），被保護者家計相談支援事業（平成30年３月30日社援保発0330第12号。平成31年３月29日社援保発0329第４号で改正）などとして実施されている。
42）2018年３月より開始され，2019年３月に研究会報告が出された。

とするならば，一定程度の金額以上の賃金を得ることのできる可能性のある被保護者だけが支援対象になりますが，社会生活自立などの非経済的な自立も含まれるのであるならば高齢者，障害者などで就労をしてもその収入では保護廃止に至らない人や，稼働収入が少額で勤労控除の範囲内のため保護費の減額に至らない人も就労支援の対象となるからです。

この問題に対して厚生労働省保護課は研究会の第５回で資料[43]を配布し，生活保護の自立についての議論の経緯として小山進次郎の見解，専門委員会報告書を踏まえて生活保護の自立を経済的自立，日常生活自立，社会生活自立と改めて確認しています。つまり，就労支援に当たっても，このような非経済的な自立が含まれることになるのです。

生活保護における自立の概念

生活保護受給者に対する就労支援のあり方に関する研究会（第5回）	
平成30年11月30日	参考資料1

自立の概念

① 経済的自立　→ 就労による経済的自立等

② 日常生活自立　→ 身体や精神の健康を回復・維持し、自分で自分の健康・生活管理を行うなど日常生活において自立した生活を送ること

③ 社会生活自立　→ 社会的なつながりを回復・維持し、地域社会の一員として充実した生活を送ること

※「平成17年度における自立支援プログラムの基本方針について」において定義

※このほか、「被保護者就労準備支援事業（一般実施分）の実施について」（平成27年4月9日社援保発第0409第1号保護課長通知）で、次のとおり記載

就労は、本人にとっても、経済的な自立に資するのみならず、社会参加や自己実現、知識・技能の習得の機会であるなど、日常生活における自立や社会生活における自立にもつながる営みとして被保護者の課題を解消するということにもつながるものである。

議論の経緯

「生活保護法の解釈と運用」（小山進次郎著） ※生活保護法第1条に規定する「自立の助長」の解釈

→「凡そ人はすべてその中に何等かの自主独立の意味において可能性を包蔵している。この内容的可能性を発見し、これを助長育成し、而して、その人をしてその能力に相応しい状態において社会生活に適応させることこそ、真実の意味において生存権を保障する所以である。」

「生活保護制度の在り方に関する専門委員会報告書」（平成16年12月） ※この報告書を基に「自立支援プログラムの基本方針について」を発出

→ ・「自立支援」とは、社会福祉法の基本理念にある「利用者が心身共に健やかに育成され、又はその有する能力に応じ自立した日常生活を営むことができるように支援するもの」を意味し、就労による経済的自立のための支援（就労自立支援）のみならず、それぞれの被保護者の能力やその抱える問題等に応じ、身体や精神の健康を回復・維持し、自分で自分の健康・生活管理を行うなど日常生活において自立した生活を送るための支援（日常生活自立支援）や、社会的なつながりを回復・維持するなど社会生活における自立の支援（社会生活自立支援）をも含むものである。

「生活保護受給者の社会的な居場所づくりと新しい公共に関する研究会報告書」（平成22年7月）

→・3つの自立は並列の関係にあるとともに、相互に関連するもの。

・稼働年齢層の者に対する就労支援についても、生活保護受給者の状況に応じて、就労支援のみならず、まずは日常生活支援や社会生活支援などに結びつけていくという理解が重要。

・職業体験や技能習得や社会的就労などの無給労働を通して、段階的に就労に向けたステップを踏んでいく効果、ボランティア等を通じた社会参加の機会を作り、自尊感情や他者に感謝される実感を高めていくことで、元々持っている力が発揮できる効果が明らかになりつつある。

（参考）生活困窮者自立支援制度の自立の考え方

・本制度では、本人の内面からわき起こる意欲や想いが主役となり、支援員がこれに寄り添って支援する。

・本人の自己選択、自己決定を基本に、経済的自立のみならず日常生活自立や社会生活自立など本人の状態に応じた自立を支援する。

・生活困窮者の多くが自己肯定感、自尊感情を失っていることに留意し、尊厳の確保に特に配慮する。

「第５回　生活保護受給者に対する就労支援のあり方に関する研究会」参考資料１　生活保護制度における自立（2018年11月30日）

43）「第５回　生活保護受給者に対する就労支援のあり方に関する研究会」参考資料１　生活保護制度における自立（2018年11月30日）

8　ケースワーカーによる援助方針

生活保護行政での自立概念が就労による経済的自立とともに，社会生活自立，日常生活自立に整理されるようになると，その具体的な支援の問題が生じます。生活保護行政では被保護者に対する「援助方針」[44]の策定がケースワーカーに義務付けられ，世帯の状況に変動がない場合であっても少なくとも年１回以上の見直しを行うこととされており，[45]生活保護法施行事務監査事項での着眼点でも次の内容で監査が行われます。[46]

６　援助方針の策定
⑴　援助方針は，アセスメント表を作成するなど，訪問調査活動や病状把握等の関係機関調査により把握した生活状況を踏まえ，個々の要保護者の自立に向けた課題を分析し，それらの課題に応じて具体的に策定されているか。
　また，策定した援助方針については，要保護者本人に理解を得るよう説明しているか。
⑵　援助困難なケース等については，関係機関とも連携の上，必要に応じケース診断会議等に諮るなど組織的に検討されているか。
⑶　援助方針は，ケースの生活状況等の変化に即して適切に見直しがされているか（ケースの状況等に変動がない場合であっても年１回以上見直すこと）。
⑷　援助方針が，ケース記録等に明記されているか。また，説明した旨がケース記録等に明記されているか。

44）2007年度の実施要領改正において，従来の「処遇方針」から「援助方針」に改められ新たに局長通知第12に規定が設けられた。その理由を保護課は「「ケースの実態に応じた援助方針を策定」することや指導援助にあたって「関係機関と連携」することについては，これまで監査事項や関連通知でその必要性を示してきたところであるが，これらの事項については，法の目的である自立助長を図る上で必要不可欠な事項であるため」新たに規定したとする。また「新設の「援助方針」については，これまで監査事項や関連通知等において，「処遇方針」という表現が用いられていたが，今日の福祉行政で「処遇」という言葉が使われるのは，職員の処遇や入院入所者の場合などに限られており，一方で「援助」という言葉は，生活保護行政と類似性が指摘されている児童相談所の運営指針においても「処遇方針」が「援助方針」に改められ，また，当該「援助」には，指導や措置的な要素も含まれていると考えられることからこのたびの規定では「援助方針」と表した。」厚生労働省社会・援護局保護課「平成20年度の生活保護」生活と福祉626号９頁

45）『生活保護手帳2022年度版』（中央法規，2022）441頁

46）『生活保護手帳2022年度版』（中央法規，2022）755～756頁

そこで援助方針をどのように策定するかが問題となりますが，厚生労働省は援助方針策定上の留意点として次の内容を挙げています[47]。ここでは「援助方針」と「支援方針」の違いを述べた上で，被保護世帯の自立の目標として経済的自立，社会生活自立，日常生活自立の３つが挙げられており，この目標と目標達成のプロセスについて明記することが求められています。

援助方針とは，生活保護の実施にあたり，保護の実施機関としてその課題を解決するために働きかけるべき事項（保護の決定実施のために必要な指導指示を含む）である。

ここでいう「援助方針」と自立支援プログラムでいう「支援方針」とは，「援助方針」が実施機関の側が主体となるのに対し，「支援方針」は要保護者が主体となり実施機関の側はそれを側面から支援する点で異なるものである。なお，実務上「援助方針」の策定にあたって両者を明確に区別する必要はなく，必要に応じて「支援方針」としての性格を有する方針を盛り込んで差し支えないものであるが，この場合「方針に従わない」ことのみをもって「指導指示」を行うことは適当ではない。

援助方針策定上の留意点

（問）　援助方針を策定するにあたってどのような点に留意したらよいか。

（答）　次の点について留意されたい。

⑴　方針の策定にあたっては要保護者の生活実態の把握と個々の要保護者の自立に向けての課題分析が必要であること。

「生活実態の把握」や「病状調査」は方針決定の前段の作業であって，方針ではないので注意が必要である。

⑵　方針はできるだけ具体的に記載すること。

いわゆる４文字熟語で終わるような方針は極力避ける必要がある。「療養専念」は実施機関としての方針にすらなっていないし，「就労指導」とする場合も，具体的な指導援助の方針を記載する必要がある。

⑶　短期的な視点だけでなく，中長期的な視点に立った方針も検討すること。

短期的な視点とは，その世帯にとって解決しなくてはならない保護実施上の課題と，その課題の解決に向けてのアプローチの方法である。また，中長期的な視点とは，将来に向けての世帯の自立（経済的自立，社会生活自立，日常生活自立）の目標と，その目標を達成するためのプロセスである。これらの両方の視点について十分，意識的に書き分けるなどの方法により明記することが望ましい。

⑷　世帯全体の方針に加え，個々の世帯員にも着目した方針を策定すること。

47）『生活保護手帳別冊問答集2022年度版』（中央法規，2022）415～416頁

特に，世帯内の子どもについて留意する必要がある。

(5) 多様な問題を抱えた世帯については，ケース診断会議等を活用して組織的な検討を行ったうえで方針を策定すること。

援助方針は組織としての方針であり，現業員がひとりで抱え込まないよう留意する必要がある。

このように経済的自立，社会生活自立，日常生活自立は現在の生活保護行政の中では定着した考え方となっています。[48)]

第4　支援対象の拡大と支援のあり方

生活保護行政の自立概念が経済的自立，社会生活自立，日常生活自立とされたことは妥当と考えますが，ケースワーカーによる被保護者に対して支援する課題が拡大することになり，ケースワーカーの負担はより大きくなったと言えます。つまり，非経済的自立である社会生活自立，日常生活自立の支援対象となる被保護者の生活上の課題は様々な場面に生じ，自立のあり方も多様となるからです。

例えば，「ごみ屋敷」と言われる問題では，本人の衛生上の問題とともに近隣への迷惑などが生じることになりますが，本人は「ごみ」を処分することを拒むことがあります。この場合も適切に生活保護費の支給は行われますが，社会生活自立，日常生活自立（のいずれかに該当するかは別として）の観点からは放置はできませんし，現在ある「ごみ」を処分するだけではその人の課題の解決にはならないと思います。

48) 経済的な自立については，社会・援護局長通知「平成17年度における自立支援プログラムの基本方針について」(60～61頁）では「就労による経済的自立（以下「就労自立」)」とし，保護課「生活保護における自立の概念」(64頁）では「経済的自立→就労における経済的自立等」としている。また，『生活保護手帳別冊問答集』掲載の「援助方針策定上の留意点」(66頁）では「世帯の自立（経済的自立，社会生活自立，日常生活自立)」のように表現が異なっている場合がある。本書では生活保護の自立には経済的な自立（保護からの脱却）以外の自立があることから生じる問題を検討していることから，ここでは経済的自立が就労によるものか，就労以外のものもあるのか，すなわち就労自立とするのか経済的自立とするのかについてはとりあげない。

同様に，認知症などが疑われ，介護サービスが必要と思われる高齢者の中には，受診や介護保険の利用を強く拒む人もいます。この他にも長期間のひきこもりの人，疾病が疑われるものの受診を拒み近隣住民との軋轢を生じさせる人，短期間で保護費を浪費してしまい生活維持ができなくなる人など，いずれも保護費は適正に支給していますが，保護費の支給だけではこれらの課題の解決はできません。また，これらの問題を解決するための支援を拒まれることもあります。

生活保護における自立を経済的な自立とだけ理解するならば，このような人たちを一般論としては放っておくことはできないとしても，生活保護行政としてケースワーカーが積極的に支援を行うことを否定することも可能と考えることができます。

専門委員会報告の少し前に自治体専門紙に福祉事務所の管理職から次のような投稿がありました。ここでは，被保護者が自立するためにはケースワーカーの援助は不用意にするべきではない，と次のように述べています[49)]。

「生活保護行政は昭和20年代からの歴史を持ち，子どもの勉強を見たとか，料理を作ったとか，献身的なケースワーカーの話が美談として取り上げられるなど，古い体質を持っています。けれど，受給者が，１人の社会人として自立していくためには，ワーカーによる援助は不用意にすべきではありません。」，「当区は，１人の民間人として解決すべき問題は，受給者も自分でやるべき，という基本的な立場に立っています。」

この投稿者は，生活保護の目的を経済的自立のみと考え，その他の生活上の課題に関わる支援は生活保護の業務ではないと述べているようです。この投稿直後に専門委員会報告により生活保護の自立概念が整理されましたが，このような考えを持つ人は福祉事務所の中でも少なくなかったように思われます。

しかし，生活保護の自立概念が３つに整理されたことで，様々な生活上の

49）「福祉就労支援員は今日もでかけます！」都政新報2004年７月23日号

課題を持つ人に生活保護行政は正面から取り組む必要が生じました。

専門委員会報告では支援手法として自立支援プログラムが提起され，厚生労働省も社会・援護局長通知で全国の福祉事務所に自立支援プログラムの積極的な策定，実施を求めました。また，生業扶助では「自立支援プログラムに基づく場合であって，１年間のうちに複数回の技能修得費を必要とする場合については，年額226,000円の範囲内において特別基準の設定があったものとして必要な額を認定して差し支えないこと」[50]と，自立支援プログラムを根拠とする特別基準の設定も認められるようになりました。

生活保護行政が「それぞれの被保護者の能力やその抱える問題等に応じ，身体や精神の健康を回復・維持し，自分で自分の健康・生活管理を行うなど日常生活において自立した生活を送るための支援（日常生活自立支援）や，社会的なつながりを回復・維持するなど社会生活における自立の支援（社会生活自立支援)」を法の目的としたことから，これらの支援に福祉事務所は積極的に取り組む必要が生じ，このことが専門委員会報告の大きな成果の一つと言えると思います。

しかし，生活保護行政で具体的にどのような支援を行うかが問題となります。自立支援プログラムが局長通知で示した「被保護世帯の現状や地域の社会資源を踏まえ」た上で策定されても，これらの課題が簡単に解決できるわけではありません。なぜならば，これらの被保護者に生じる生活上の課題は生活保護独自の課題ではなく，現代社会一般に生じている問題であり，現段階では解決手段が確立していないものも多いからです。また，課題によっては自立支援プログラムの策定自体が困難な場合も生じます。

そこで支援の一部をNPOや社会福祉法人，企業等の外部組織への委託，あるいは保健師，精神保健福祉士，社会福祉士などの有資格者を非正規職員として福祉事務所内に配置することで，多様な生活問題に対応することを図っていますが，それで直ちに解決するほど簡単な問題ではないのです。

50)『生活保護手帳2022年度版』（中央法規，2022）351頁

さらにケースワーカーと委託先，専門職との間の支援（業務）の押し付け合いや，被保護世帯に対して委託先，専門職が支援の中心となることで，ケースワーカーが被保護世帯の実態がわからなくなり適正な保護決定ができなくなる危険性もあります。[51] このことは1971年に『新福祉事務所運営指針』が「直接性の特色を強調するゆえんは，福祉事務所が民間の福祉団体や町村や民生委員等の上部構造として書類相手のハンコ行政的な色彩を持つようになるのを極力避けたいからである」[52] と危惧していたものです。

被保護者の複雑な生活課題は直ちに解決できる特効薬があるわけではありませんし，「専門家」ならば容易に解決できるわけでもありませんが，生活保護行政としては解決へ向けての対応は行わなくてはなりません。つまり，関係者や関係機関と連携しながら，被保護者への働きかけを進めていくことになるのです。したがって，時間がかかることも少なくないですし，結果として生活状況が改善できないこと，即ち自立ができないこともあるものとして受け止める必要があるのかもしれません。

社会生活自立や日常生活自立などの非経済的自立は，生活保護の保護要件に関わる可能性のある経済的自立とは質的に異なるものです。社会生活自立，日常生活自立を生活保護行政の自立概念として認めたことは，経済的な自立（就労自立）だけが生活保護法の自立ではないこととした点では大きな意味がありました。また，様々な生活課題を持つ被保護者を生活保護行政で支援することも必要なことですし，従来もケースワーカーがこれらの支援を行っていたことに対して公式に生活保護行政上のケースワーカーの業務として認めたことにも意義があります。しかし，生活保護特有の問題ではなく，一般に解決手法が確立できないことの多い生活課題について，ケースワーカーが他機関から「生活保護受給者だから」との理由で課題解決を求められるなど，

51）池谷秀登「生活保護におけるケースワークの意義と範囲」菊池馨実編著『相談支援の法的構造』（信山社，2022）99～115頁

52）厚生省社会局庶務課監修『新福祉事務所運営指針』（全国社会福祉協議会，1971）11頁（第2章46頁）

あたかもケースワーカーが被保護者の家族や「保護義務者」であるかのような要求が生じることも多く，担当者として正面から受け止めなくてはならないケースワーカーの負担は大きなものとなります。

第５　保護要件と自立支援

保護要件の射程

生活保護行政は就労自立を中心として，ケースワーカーの被保護者への働きかけが保護要件充足のための指導指示が中心であったものから，社会生活自立，日常生活自立の支援も行うことになり，生活上の諸課題が被保護者に生じた場合は，生活保護行政として支援を行うこととなりました。しかし，これらは当事者である被保護者の協力が得られない場合や支援を拒まれる事態も生じるなど支援自体が難しいものが数多くあります。

ごみ屋敷状態の住居に住むことや，要介護状態にもかかわらず介護サービスなどを拒み不衛生な状態で生活することなどは好ましいことではありませんが，保護要件に関わる問題でもありません。

生活保護行政で保護の廃止や停止などの不利益処分を行う場合は保護要件に関わる問題になります。法は保護の要件として「保護は，生活に困窮する者が，その利用し得る資産，能力その他あらゆるものを，その最低限度の生活の維持のために活用することを要件として行われる。」（法４条１項）としています。

これが保護の要件ですから，ごみ屋敷状態を改善しないことや介護保険の利用を拒むことなどは保護要件に関わらない場合が多く，それを理由に生活保護の不利益処分はできません。したがって，社会生活自立，日常生活自立の課題についての多くは，生活保護の廃止や停止などの不利益処分が生じることはないと思われます。そもそも実体的に考えてもケースワーカーが指導指示すれば，直ちに被保護者がごみ屋敷を清掃するなど状況の改善が図れるということはありませんし，ひきこもり状態の人がひきこもりをやめることもありません。指導指示で改善するならば，生活保護の受給者かどうかにかかわらずこれらの問題の解決は容易であり社会的な問題にはならないのです。

つまり，これらの問題は社会の中で解決手法が確立されていない問題が多く，生活保護の制度上の問題ではないのです。

第6　まとめ――「支援困難事例」が問うもの

生活保護行政の厚生労働（旧厚生）省の方針は時期により変わり，適正化の時期には被保護者に対する厳しい対応をケースワーカーに求め，要保護者を保護から排除する傾向がありました。しかし，専門委員会報告以降は被保護者への支援については，経済的な自立支援だけではなく社会生活自立支援，日常生活自立支援もケースワーカーに求めています。このようにケースワーカーと被保護者の関係は，時々の厚生労働（旧厚生）省の方針により左右されてきました。

現在の生活保護行政におけるケースワーカーの支援は，被保護者に対して扶助の決定の判断だけではなく，社会生活自立や日常生活自立などの非経済的な支援を含めて行うことが必要とされています。しかし，福祉事務所によってはこれらの自立支援に取り組めないだけでなく，違法な申請抑制や誤った就労指導が行われているところもあるようです。

このような問題が生じるのは，ケースワーカーなどの個人的な資質や福祉事務所の体質だけではなく，その背景に救護法や旧生活保護法にあった欠格条項の考え方，すなわち貧困を個人の問題，個人の責任と捉える考え方の影響があるように思われます。この個人責任を強調する考え方は，行政責任を個人の問題に転嫁し行政責任を曖昧にすることで，生活保護行政が被保護者の支援を行わない理由付けにもなります。

貧困の個人責任の考え方が社会に蔓延すると，そのような考えを持つ公務員がケースワーカーになることもあります。公務員もケースワーカーも一市民であることから当然かもしれませんし，社会福祉士などの有資格者であっても同様ではないでしょうか。

ケースワーカーを始めとした福祉事務所の支援に関わる職員は，本来ならば研修や事例検討などを行うことで，貧困問題や生活保護制度の理解とともに生活保護行政の支援のあり方などを身に付ける必要がありますが，頻繁な異動やオーバーワークとも言える業務量もあり，十分な研修の機会が保障されていないように思われます。このような状況の中で，ケースワーカーが自らの人生経験で関わったことの無い複雑で重い課題を有する被保護者を担当することでその課題の重さにたじろぎ，問題を被保護者の個人の責任に転化することで支援に忌避的になり，被保護者への偏見が増幅することも生じているのです。

法の目的である自立に日常生活・社会生活の自立支援を含めたということは，現段階では社会的に解決に至らない，あるいは解決方法が確定していない重い生活課題を有する人の支援をケースワーカーが向きあうことになります。しかし，これらの問題は生活保護特有の課題ではなく社会全体で生じており，支援方法や対応が十分に確立されていない課題と言えます。つまり，生活保護行政だけで解決できるものではありませんし，専門職や有資格者を福祉事務所に配置すれば直ちに解決できるものでもないのです。

支援困難な課題は被保護者個人に生じていますが，その原因の要素は社会にあるのです。生まれたときから「嫌な人間」がいないように，人は社会の中で良くも悪しくも成長するのです。しかし，被保護者に生じる困難な課題が表面的には個人の言動として現れることで，現在のケースワーカーの置かれた厳しい状況からは，被保護者個人の問題，個人の責任として理解しがちになります。しかし，このことはケースワーカー自身が被保護者の課題の大きさに圧倒され，社会的背景を踏まえた広い視点で見られなくなることで，生活上の課題が被保護者個人の問題（意志，意欲など）にわい小化されている可能性があります。

そこで，被保護者に生じる貧困問題やトラブルに対して個人責任を理由にケースワーカーが支援を避けることや，被保護者の課題を不利益処分の威嚇の下に指導指示により「解決」を図るという考えも生じます。また，被保護者の課題から生じるトラブルをケースワーカーの支援の不十分さの問題に転嫁する議論も生じます。

生活保護行政や支援困難事例の構造を理解できない管理職がいると，課題改善をケースワーカーの問題にされかねません。例えば，被保護者の就労支援にあたり「鉄は熱いうちに打て」などと言われ保護開始直後より就労指導が行われることがあります。本人に稼働能力があり就労を希望している場合には妥当だとは思いますが，誰もが「鉄」とは言えませんしむやみに「打てば」壊れてしまいます。就労支援をどのように行うのかはケースワーカーと被保護者が話し合い納得した上で決めることが重要ですが，それが分からない管理職や査察指導員は，一面的な対応をケースワーカーに求めがちとなります。すると，ケースワーカーと被保護者とが「敵対関係」「対立関係」となり，ケースワーカーも被保護者もつらい立場になることも生じます。これらがケースワーカーの感じる大変さの原因の一つでもあり「支援困難」発生の要因の一つといえます。ケースワーカーがこれを避けるために「専門職」に丸投げして「逃げる」ことも同様の背景があると思います。

一方で，これらの課題を持つ人が生活保護を受給することの有利さがあります。生活保護行政は経済給付が軸であることから，医療が必要な場合や介護サービスが必要な場合には，医療扶助や介護扶助を活用することが可能なのです。この他にも，生業扶助や一時扶助もあり幅広く支援を行うことができます。

さらに，生活保護行政は親族（扶養義務）関係や病状，生活歴などの個人情報を把握することが容易であることから，その人の課題の背景を理解しやすく，より効果的な支援を行える可能性があります。このことは他の福祉施策と比べて生活保護行政による支援の優位さとも言えます

被保護者の生活課題を個人の問題から社会の問題として捉えること，つまり被保護者が持つ複雑で重い課題を被保護者の個人責任ではなく，社会が支

援する責任と捉える生活保護行政が必要だと考えます。同様にケースワーカーのつらさ，困難さをケースワーカー個人の問題から社会での支援の困難さと捉えることも必要だと思われます。

支援困難事例とは，その課題がケースワーカーにより可視化され，社会化し社会全体で解決を図る過度期の問題なのです。ケースワーカーの担当している期間中に解決できないことも多く，支援に時間を要することも少なくありませんが，これは当然のことなのです。支援に時間が掛かっても課題を可視化し支援を継続することに意味があるのです。

第3章

「支援困難」者への支援事例とケースワーカーの悩み

アルコール問題が疑われる人への支援

第１　事例の概要等

1　世帯の概要

Ａさんは60代男性の単身高齢者でした。住居はその地域でも家賃が特に安い風呂なしの木造アパートに住んでいました。都内で生まれ育ったＡさんは中学卒業後，建築現場などの仕事で生計を立てていましたが妻とは死別しています。また，成人した子どもたちとも生活を別にし，40歳を過ぎてからは一人暮らしをしていました。長年の肉体労働の影響もあり，腰痛や肝疾患で仕事を続けることが難しくなったことから，50代後半から生活保護を利用することになりました。

子どもや親類縁者は近隣にはおらず，交流もほとんどないということでした。

2　Ａさんの現状

Ａさんは銀行口座がないため，保護費は福祉事務所窓口での現金支給でした。また，いつもマスクを着けていたＡさんから，福祉事務所に来る際にお酒の臭いがすることがありましたが，Ａさんは「前日のお酒が残っているだけ」と話していました。

前任ケースワーカーからは「自宅がゴミ屋敷と化し，訪問しても家に上げてもらえない。居室内清掃を指導するように」と引継ぎを受けました。

Ａさんは高齢でしたが，病院にかかることはなく定期通院先はないということでした。

3　担当ケースワーカーの交代

担当ケースワーカーの交代後，挨拶を兼ねて家庭訪問をしました。Ａさんは在宅していましたが，玄関戸を少し開けるだけの応対で「特に変わりない」「困りごとはない」と言って，面談を早々に切り上げようとしていることが明らかでした。また，Ａさんの住むアパートは日当たりの悪い木造集合住宅で電気をつけないために，日中でも薄暗く室内はうかがいしれませんでしたが，室内でもＡさんは帽子とマスクを着用し，その様子にケースワーカーは違和感を覚えました。

第２　支援困難と考える状況，課題

1　不衛生な住環境

Ａさん世帯の課題は不衛生な住環境でした。Ａさんの住むアパートは入居者のほとんどが生活保護利用世帯であり，「ゴミがひどくて困る。臭いもひどいし，ハエが飛んでいて不衛生」との苦情がケースワーカーに寄せられることもありました。また，ケースワーカーに苦情を寄せた住民によると，建物の大家に相談しても何も対応してもらえない，ということでした。

これまでのケースワーカーが家庭訪問をしても室内に上げてもらうことはできず，何年も室内の状況を知ることができずにいました。Ａさんへ近隣からの苦情を伝えても「大丈夫」「問題ない」というだけで表面的にはＡさん自身は困っていないように見えました。

Ａさん自身は特に困っている様子はありませんでしたが，ケースワーカーから見るとハエが飛び，悪臭を放つ住居で暮らすことは「健康で文化的な生活」ということはできず，何とか改善をしたいと思いました。

2　本人は現状に困っていないこと

また，福祉事務所では生活保護の実施に当たって室内や生活状況を知ることが求められますが，何年も室内を確認していないこと，近隣から入る苦情に対応しなければならないこと，栄養状態不良のＡさんの様子などにケースワーカーは困りました。さらには，それらをＡさんに「心配だ」「一緒に解決しましょう」と伝えても「大丈夫」という答えしか返ってこず，Ａさん自身がこれらの状況に困っていないということにケースワーカーは頭を抱えました。

第3　支援の内容

1　居室内訪問による現状の把握

ケースワーカーとしては前任ケースワーカーに言われた自宅の清掃を進めようと思いましたが，まずは数年来実現していない自宅内訪問と室内状況の確認を行いたいと考えました。

そのため，ケースワーカーは窓口での保護費支給の際，家庭訪問を行いたい旨の話を重ねました。当初は「何か困りごとがないか自宅でゆっくり話をさせてほしい」「自宅でどのように過ごしているかを教えてほしい」とソフトに依頼していましたが，「必要ない」「大丈夫」として訪問を拒否するばかりのＡさんであったため，「生活保護の適正実施のため，自宅内を確認させてほしい」「室内訪問させてもらえなければ保護の継続が困難となる可能性がある」などと強い言葉を掛け，ようやく居室内への訪問が実現しました。

強い言葉での訪問依頼となったのは，不衛生な状況の実地確認もありましたが，年２回の居室内訪問がなされていないことを厚生労働省や都道府県による指導検査で指摘されることを避けたい，との思いもケースワーカーにはありました（厚生労働省の実施要領では少なくとも１年に２回以上の家庭訪問が定められています。）。

昼間でも薄暗いＡさん宅の室内は物が散乱し，悪臭を放っていました。万年床の布団は真っ黒に変色し，所々黒くシミがあり，臭いからは失禁している様子も見受けられました。また，台所は使用済みの食器やアルコールの空き缶，食べかけの総菜などが乱雑にあふれ，床に置かれた鍋を開けると一面綿あめのようなカビが生えていました。この状態でもＡさんは失禁を否定し，台所は「そのうち片付けるつもりだった」と言いました。

2　支援の方針

高齢となったＡさんは加齢のために自分の力だけでは清掃が困難になったのではないか，介護サービスを利用して室内清掃，住環境の改善を図りたい，とケースワーカーは考えました。

しかし，介護サービス利用のためには，サービス種類や限度量を決めるための「要介護認定」（要支援１～２，要介護１～５の７段階）を受ける必要があり，居室内清掃のホームヘルプをすぐ導入するのは困難でした。

そのため，ケースワーカーはＡさんへ病院の定期通院と要介護認定，さらにはその後の介護サービスを利用した住環境改善を助言しました。「通院も介護サービスも必要ない」とＡさんは話していましたが，痩せた体できちんとした食事を摂っていない様子でした。さらには失禁の疑いや整理整頓，清掃ができずにいる自宅の状況からは，通院と介護サービスの利用が必要なことは明らかでした。

3　地域包括支援センターとの連携

Ａさん自身が通院も介護サービス利用も拒否したため，ケースワーカーは地域包括支援センターへ協力を依頼しました。地域包括支援センターとは，介護保険法で定められた地域住民の介護相談や見守り支援等を行う機関であり，ケースワーカーは同センター職員との同行訪問を重ねることとなりました。

その後，地域包括支援センター職員とケースワーカーが繰り返しＡさんに介護サービス利用と居室内清掃の助言をしましたが，聞き入れてもらうことはできませんでした。

4　繰り返される救急搬送と短期入院への対応とその苦労

ある日，Aさんは路上で倒れて救急搬送され，「十二指腸潰瘍」との診断で数週間入院しました。その退院後もAさんは救急搬送と短期入院を繰り返し，あるときはケースワーカーが訪問した時に部屋で倒れているAさんを見つけ，救急車を要請しそのまま同乗したこともありました。このときは，ケースワーカーは救急隊や搬送先病院でAさんの家族と勘違いされ，そのたびに身分を明かして経過を伝えましたが，家族以上のことをしている気がして内心疲労を感じていました。

入院を繰り返す中，2か月以上の比較的長期の入院となった際にAさんの了解を取り，要介護認定と退院に備えての居室内清掃を行いました。このときの清掃は介護保険制度のホームヘルパー派遣の対象外となる大掛かりなものとなり，生活保護での費用支給も困難でした。そのため，被保護者自立促進事業（生活保護とは異なる東京都独自の援護金）を利用して業者に清掃を依頼し，その清掃前にはケースワーカーと入院先の医療ソーシャルワーカー（MSW）がAさんの一時外出に同行し，自宅内の状況を何回か確認しました。

さらに入院時には入院先のMSWよりAさんの飲酒による問題が指摘されました。これまでの「十二指腸潰瘍」は飲酒が原因であること，入院治療しても退院後，再び飲酒することでAさんは再発を繰り返していること，飲酒を改めなければ同様のことを繰り返し悪化していくばかりであること，アルコール依存症の疑いで専門医への相談が望ましいこと，などがAさんへ厳しく指導されました。

入院先にはアルコール依存症を診られる診療科がなく，ケースワーカーはMSWとともにアルコール依存症専門病院への相談をAさんへ指導しました。しかし，Aさんにその意思はなく，退院すると食事をほとんど摂らずに発泡酒を飲むという生活を続けました。

5　音信・交流が途絶えていた親族への協力依頼

ケースワーカーは，交流が途絶えていた別居しているAさんの弟へも協力を依頼しました。「忙しくて様子を見にいく時間はない」と話していた弟に何とか協力を依頼し，Ａさんへの声掛け・助言を重ねてもらいましたが，状況は変わることはありませんでした。また，久しぶりに再会したという弟はＡさんの変わりようにとても驚き，「昔の兄はとても几帳面で家を汚すような人ではなかった」「お酒は一滴も飲めない人だったのに発泡酒を買い込んでいて驚いた」と話していました。

また，入院中に音信が途絶えていたＡさんの娘へも協力を依頼しましたが，「自分も忙しくて面倒は見られない」「退院後に，時折様子見には行く」との返答があるだけでした。ケースワーカーからの連絡に対し，娘は入院費用などの金銭的援助を依頼されるものと当初は誤解していましたが，可能な範囲での精神的支援，Ａさんへの見守りや声掛けをお願いしたいと，ケースワーカーは説明・依頼を重ねました。

6　アルコール依存症が疑われる人への支援の難しさ～福祉事務所内の協働関係

さらにケースワーカーは，職場で先輩ケースワーカーや査察指導員へアルコール問題を認めないＡさんへの介入・アプローチを相談しましたが，「本人にアルコール依存症治療の意思がなければどうしようもない」「発泡酒程度では依存症ではない」などと言われ，アルコール問題への支援についても具体的な助言をもらうことはできませんでした。

7　住環境の改善・介護サービスの利用による本人の変化とその後

一方で，要介護認定取得後，Ａさんは介護サービスの利用を開始し，介護ヘルパーによる清掃援助が入ったことから不衛生な住環境は一定程度解決しました。

介護サービス利用前はかたくなにその利用を拒否していたＡさんですが，ホームヘルプが入るようになると，「生活は何も変わりはない」と話す一方で「助かっている」とも話すようになり，表情に温和さが見て取れるようになりました。

しかし，その後も飲酒を続けたＡさんはアルコール依存症治療や断酒にはつながらないまま，救急搬送での入院を繰り返すこととなり，次第に日常生活動作（ADL）が低下し，失禁や歩行困難が見られるようになりました。

住環境の改善が見られ，落ち着いた生活を取り戻したかのように見受けられたＡさんでしたが，ある日娘がＡさん宅を訪れたところ，居室で裸のまま亡くなっているＡさんが発見されました。

第4　振り返り

1　「セルフネグレクト」や依存症への支援の難しさ

Ａさんの自宅は不衛生で「健康で文化的な」生活とは呼べない状況でしたが，それは法第27条文書指示や保護の停廃止で解決できるものではありません。また，Ａさんは表面的には自宅の状況について困っている様子や恥ずかしいと感じているような様子は見せませんでした。

近年，成人が通常の生活を維持するために必要な行為を行う意欲・能力を喪失し，自己の健康・安全を損なう「セルフネグレクト」という言葉が注目されていますが，Ａさんがなぜ支援を拒み，不衛生な状況に身を置き続けていたのかは分かりません。また，アルコールや薬物などの依存症は「否認の病」と言われ，周囲も本人も問題が依存対象（アルコール・薬物等）にあることを認めないことが少なくありません。

依存症と診断される方は，アルコールや薬物などで生活に綻びや破綻が生じていても，それを「だらしない」などの本人の気質の問題と周囲も捉えてしまうことが多く，もしもＡさんをアルコール依存症治療につなげることができていたら違う結果となっていたかもしれません。また，家族との交流も途絶え，離職後は地域から孤立した生活を送っていたＡさんにとっては，一人お酒を飲むことだけが唯一の楽しみであったのかもしれません。そのＡさんへ介護保険デイサービスへの参加などでの社会生活自立の回復が図られていればどうだったでしょうか。

2 ケースワーカーと本人の意見・方針の違いや担当世帯数の負担から生じるストレス

Ａさんの不衛生な生活が「セルフネグレクト」なのか「アルコール依存症」なのかそれ以外の課題があったのかの判断はできませんが，果たしてＡさん自身は本当にあの環境で困っていなかったのでしょうか。いずれにせよ，ケースワーカーはＡさん宅の不衛生な環境を改善したいと思っていましたが，Ａさんはその支援を拒んでいました。

ケースワーカーと当事者であるＡさんの意見・方針の違いから，ケースワーカーは大きなストレスを抱えていました（ケースワーカーの提案に従えば状況の改善が見込まれるのに聞く耳を持ってもらえず，非合理的な結果を選ぶ当事者には「もどかしい」を通り越してケースワーカー等の支援者が「怒り」を覚えることもあります。）。

また，ケースワーカーが社会福祉法に規定のある担当世帯数の80世帯を大きく上回る世帯を担当する中，頻繁な家庭訪問で声掛けをしても本人に同意してもらえないこと，救急搬送への同乗，入院先への訪問などは事務処理が肥大化・山積している中で大きく時間を取られ，ケースワーカーの負担やストレスを増やすことになりました。

3 状況が変わるきっかけ

Ａさんの場合，入院中の要介護認定手続から居室内清掃が始まりましたが，そのきっかけはケースワーカーと入院先のMSWが連携し，退院のためには居室内清掃が必須とＡさんへ繰り返し伝えたことでした。

さらに遡れば，路上で倒れて救急搬送されたことから，そのきっかけがつながっていると言うこともできますが，Ａさんの場合は建物管理人からＡさん自身への苦情申入れや退去宣告などがあれば，救急搬送よりも前の時点できっかけができていたかもしれません。また，担当ケースワーカーよりアルコール問題への支援の方法を尋ねられた先輩ケースワーカーや査察指導員が違った回答をしていれば，状況は変わったかもしれません。

一方，結果的には介護サービスの利用を開始しても独居死という悲しい結末になってしまいましたが，ケースワーカーが何も対応を行わず，そのまま放置していれば，Aさんはより早い時点で命を落としていたかもしれません。

ケースワーカーは不衛生なAさん宅の状況を改善したいと思う一方で，厚生労働省や都道府県の指導検査で指摘事項とされないよう訪問ノルマをこなさなければならない，Aさんに不合理な選択はしないで助言を聞き入れてほしい，などのいらだちも覚えながら支援に当たっていました。

第5　考　察

1　複数の支援者による連携の大切さ
～ケースワーカーの負担の軽減や本人の気持ちの変化につながる

この事例では，訪問や支援を拒んでいたAさんに対し，入院先のMSWや地域包括支援センター，更には交流が途絶えていた家族と連携を取ることで住環境の改善を図ることができました。ケースワーカーだけによる支援ではなく，複数の支援者による連携ができたことはAさんの課題をケースワーカー一人が抱え込むことにならず，ケースワーカーの心理的・物理的負担を軽減させるものでした。このことはケースワーカーだけでなく，MSWや地域包括支援センター側にとっても同様です。

また，複数の支援者による地道な声掛け，チームによる支援により，当初は支援を拒んでいた当事者の気持ちに変化が現れることはよくあります。

2　支援を困難に感じた要因とは

今回の不衛生な住環境の原因がアルコール依存症なのか他の要因によるものなのかは分かりませんが，支援を困難にした要因としてAさん本人からの支援拒否があったこと，どうすれば支援を受け入れてもらえるか解決策が分からなかったこと，その一方で近隣からの苦情や厚生労働省，都道府県の指導検査で不備を指摘されてしまうのではないかとの不安がケースワーカーにはあったこと，さらに職場内でアルコール依存症の理解について温度差があったこともケースワーカーには困難さを感じさせていました。

3 福祉事務所が置かれている現状と課題

しかし，Ａさんがアルコール依存症か認知症か，はたまたそれ以外であっても，なぜそのようになったかという原因の追及よりも，それをどのように解決すべきかを生活保護現場では求められているように思います。一方で，生活保護は無差別平等の原理であり，支援を行うためのアセスメントは必要ですが，徹底した原因追及は求められていないものと思います。

支援を拒否していたＡさんへ法第27条文書指示や保護の停廃止を行っても，不衛生な住環境やアルコール問題が解決するわけではありません。ケースワーカーが困難と感じるのは，このような福祉事務所の力だけでは簡単に解決できない事例であり，また，本人とケースワーカーの方針，場合によっては上司や同僚と方針を共有できないときではないでしょうか。

多くの福祉事務所で社会福祉法標準数を充足しない人員体制の中，ケースワーカーは事務処理や国からの調査統計を行い，また，日々下りてくる通知通達を読み解く十分な時間もない中，生活保護利用者への支援に当たらなければなりません。

そのような実情の中，自立支援やケースワーク，そもそも「自立」とは何かが共有されることは難しく，個々のケースワーカーが悩み苦しみながら支援を行っています。

また，専門性が研究・蓄積されない理由としては配属されるケースワーカーのほとんどが福祉とは無関係の一般事務職が大半であることも一部で指摘されていますが，福祉職だからといって素晴らしい支援ができるとは限りません。事務職でも福祉職でも，社会福祉法標準数を大幅に超えた担当世帯数では事務処理に追われ，利用者の話をゆっくりと聴くような丁寧な支援は困難になります。

調査統計や事務処理に追われている中では，Aさんへの定期的な声掛けやMSW，地域包括支援センター，家族らとの同行面談，関係者らとの連携した支援はできません。Aさんは孤独死という悲しい結末を迎えることになりましたが，ケースワーカーによる定期的な訪問やヘルパーその他の支援を増やすことができれば，違う結末になっていたかもしれません。また，救急搬送された入院先にアルコール依存症に対応した診療科があれば，専門治療を受けることができたかもしれません。

ケースワーカーは最低生活保障，命を守る仕事であり，人の死と向き合わざるを得ません。個々のケースワーカーが忙殺される中では「自立」の意味を分かち合う時間も先輩ケースワーカーや査察指導員としっかりと相談する時間も取れませんし，関係機関との会議や連携に同席する時間もなかなか取れません。

生活保護利用者の抱える課題は様々であり，福祉事務所だけで解決できることはほとんどありません。それらを解決するためには先輩や上司同僚，関係機関とゆっくりと相談できる環境，さらに何よりも保護利用者本人との意思統一ができるような体制が必要です。

事例2 不就労が長期化する人への支援

第1 事例の概要等

1 世帯の概要

Ａさんは40代の単身男性です。失業し，収入を得ることができなくなり，生活が困窮した状態で入院治療が必要となったため，保護申請に至りました。入院後，体調は改善し，幸いにも日常生活への影響は出ませんでした。保護開始後，Ａさんは疾病の治療のため，近隣の内科の診療所へ定期通院を継続しています。疾病の程度は軽度で，服薬管理と数か月に１回の通院を行うことで，特に問題なく日常生活を送ることが可能です。病状調査によると，医師からは一般的な就労が可能との判断がされています。しかし，求職活動開始に至らず，支援方法に困難を感じています。

2 Ａさんとの出会い

異動に伴う担当員の変更により，担当ケースワーカーがＡさんと出会ったのは，Ａさんが生活保護を開始してから３年目のことでした。初回訪問を行うに当たり，ケース記録を読み，Ａさんには疾病があること，就労支援が難航していることを確認しました。また，以前にＡさんと面接をしたことのある就労支援員は，「体調や保護開始当初に就労支援について苦情があったこともあり，就労支援は中断している。本人が希望をすれば，また支援を開始することはできるので，つないでもらえれば」と話していました。

担当ケースワーカーとして，Ａさんの情報を大まかに整理した後，電話で担当員の変更を伝え，家庭訪問を行いたい旨を伝えました。すると，Ａさんからは「アパートの壁が薄く，隣人に話を聞かれたくないので，隣人が仕事に出かけているときに訪問してほしい」「アパートが住宅密集地にあるため，できるだけ目立たない車で来てほしい」等の希望があったため，訪問時間を午後とし，公用車だと分かりにくい自動車を用意しました。電話応対の様子により，Ａさんは自分の要望をきちんと伝えることができるという強みがあると感じました。

約束の日，ケースワーカーがアパートを訪ねると，Ａさんは部屋のドアを開けて待っていてくれました。Ａさんの部屋は１DKで，電気がついていないため薄暗く室内にはラジオが流れていました。Ａさんとケースワーカーは，この日が初対面だったため，簡単な自己紹介をし，まずは体調のことや通院状況について確認をしました。すると，Ａさんは勢いよく体調に対する不安や，病院・主治医に対する不満を話し始めました。加えて，現住居であるアパートの住民に対する不満についても強い口調で話していました。Ａさんの不満には，一理ある部分もありましたが，思い込みと思われる部分もありました。このため，Ａさんの不満に思う気持ちは受け止めつつ，少し考え方を変えてみたらどうかと提案してみました。しかし，ケースワーカーの意見は全く受け入れられず，さらには行政に対する不満も噴出してしまいました。Ａさんは興奮すると，話が止まらなくなり口調も強まります。途中で遮ると，そのことに対しても怒りを示すため，その日は少し時間をかけて30分ほどＡさんの話を聞き続けました。このため，この日は時間が無くなり，就労支援について話をすることはできませんでした。

3　Ａさんの生活歴

Ａさんは，結婚し子どもをもうけましたが，離婚後は子どもとは疎遠になっています。父母は他界しており，遠方に住む妹がいますが，過去に借金の保証人になってもらい，散々迷惑を掛けたため，現在は全く交流がないということです。このため，Ａさんには親しく交流をしている親族はいません。

普段の生活について聞くと，通院や買い物以外はほとんど家の中でラジオを聞きながら横になっているとのことです。医師から，体を動かすように言われているため，時々近所を散歩するように心掛けています。食事は，スーパーで惣菜を買ったり，簡単な料理を作ったりして食べています。生活保護費が少ないとの訴えもありますが，特に浪費している様子は見られず，金銭管理はできているようです。このため，様々なことに不満を持ち，訴えの強い人との印象はありますが，求職活動ができていないこと以外については，大きな問題は見られない世帯という印象があります。

Ａさんは，高校を卒業後就職しますが，長続きせず，仕事を転々としてきました。就労先は，建設現場や製造業等が多くあったということです。正社員として勤めたことはほとんどなく，アルバイト就労が主でした。過去の記録やＡさんの話から，退職理由は人間関係が多かったということですが，詳細については語りたくない様子でした。

保護開始後のケースワーカーや就労支援員が求職活動について助言や支援をしましたが，継続した活動にはつながらず，支援は中断している状態となっていました。

第２ 支援困難と考える状況，課題

１ Ａさんの抱える課題

① 稼働能力に関する医師の判断とＡさんの気持ちの相違

ケース記録やＡさんの面接の様子から，本世帯の課題を次のように考えました。それは，稼働能力に関して，医師の判断とＡさんの気持ちに相違があることです。医師としては，稼働能力に問題はないとのことですが，Ａさんは疾病のため就労できないとの気持ちがあり，両者の考えに相違があります。

② 過去の支援内容に対する不信感

また，生活保護開始時に行われた就労支援について，今も納得することができずに怒りを抱えていることも支援をする上での課題となっています。

③ 社会との関わりの希薄さ

Ａさんは，一見すると生活上の課題がないように見受けられます。目立ったトラブルや浪費等はなく，工夫しながら日常生活を送っている様子が見られます。Ａさん自身は，求職活動を行う必要はないと考えているため，仕事に就いていないことは問題だと考えていません。親しい友人はいますが，通院と買い物のときに車を出してもらう程度で，外出頻度は多くありません。また，外出をほとんどしないことから，アパート周辺の状況に過敏になっており，不満を抱えやすい状態になっていると感じました。

①主治医とＡさんとの稼働能力に関する認識の相違，②過去に福祉事務所が行った支援内容に対する不信感，③社会との関わりの希薄さから生じていると思われる不満，これら３点がケースワーカーが考えるＡさんの抱える課題です。

2　支援に当たってケースワーカーが困難に感じること

Ａさんに対する就労支援が困難となっているのは，上記の課題が複雑に絡み合っていることが原因であると考えます。しかし，これらの課題を一度に全て解決することはとても困難です。支援を継続していく中で少しずつＡさんの考え方や生活状況を変えられるよう，粘り強く助言・支援をすることがケースワーカーとしてできることです。しかし，成果がすぐに表れることは少なく，利用者の考え方を変えることは容易ではありません。ケースワーカーの支援は，問題の解決のみを目的としてしまうと達成は難しく，ケースワーカー自身が不全感を感じることや悩むことが多いです。

第３　支援の内容

1　これまでの支援状況

Ａさんは保護開始後，入院治療を経て疾病の治療を開始しました。通院が数か月継続し，Ａさんの顔つきも良くなってきたので，前担当のケースワーカーは本人了解の上，文書で主治医に病状調査を行い，稼働能力を確認しました。その結果は，「稼働能力有り」というものでした。前担当のケースワーカーは，この結果を基に就労支援員と連携し，Ａさんの就労支援を開始しました。当初，支援に対してＡさんからの否定的な態度は見られず，また，これまでの経験に捕らわれず，どんな仕事でもしようという気持ちや発言も見られました。このため，就労支援員は，Ａさんにまずハローワークに行き，利用者登録をするように伝えました。

しかし，ハローワークに行った後，Ａさんは前担当のケースワーカー，就労支援員に激怒します。理由を聞くと，「福祉事務所から言われたからハローワークに行ったのに，自分ができる仕事なんてないではないか」とのことでした。就労支援員からハローワークに問い合わせたところ，「Ａさんはこれまでの経験にこだわり，未経験の仕事を紹介したが『できない』の一点張りで求人紹介をすることができなかった」ということでした。前担当のケースワーカーからＡさんに対して，ハローワークの職員とどのような話をしたのか尋ねましたが，支援者たちに不信感を持ってしまったＡさんは，詳細を語ることはありませんでした。

その後は，家庭訪問等の面接の場で，就労支援について話をすると，自分の体調の悪さを強く語るようになり，就労に気持ちが向かうことはありませんでした。就労支援員との面接も拒むことが続いたため，就労支援は中断せざるを得なくなりました。

就労支援が中断した後，Ａさんは自宅に閉じこもりがちな生活をするようになりました。前担当のケースワーカーは，Ａさんのそのような生活ぶりに対して，経済的な自立としての就労は目指すことが難しくても，社会生活自立の一つとして，軽労働やボランティア活動等を行うことができないかと考えました。前担当のケースワーカーは，家庭訪問のたびに軽労働やボランティア活動の話をしますが，その時々によって賛成したり，批判したりと態度が異なるため，具体的な支援をすることはできませんでした。

このような状況の中で担当員変更があり，現在のケースワーカーがＡさんを担当することとなりました。

2　担当員変更後の支援内容

新担当のケースワーカーとして，Ａさんの支援に対して次の２つの目標を掲げました。

①　現状の見極め

１つ目は，本人が就労支援に気持ちが向かわないのは，意欲が減退しているのか，疾病の状態が悪化しているのかを見極めたいということです。記録や引継ぎの内容から，Ａさんが就労支援を必要としていないことは明らかだと感じました。しかし，保護開始当初は前向きな発言が見られたり，自らハローワークに行ったりと行動している面も見られます。このように前向きに取り組んでいたＡさんがなぜ，意欲が減退していると見えてしまっているのかを知りたいと考えました。また，保護開始後数年が経過し，加齢とともに，疾病の状態が変化している可能性もあります。Ａさんが訴える体調の悪さは，実際に疾病が悪化している可能性もあります。この部分をＡさんの主観と，医学的な判断等の客観的な視点で捉えて，支援に活かしていきたいと考えました。

②　Ａさんの意向の把握

２つ目は，Ａさん自身が今後の生活をどのように考えているのかを知りたいと考えました。記録によると，Ａさんは通院や買い物等の必要最低限の外出以外は，ほとんど自宅に閉じこもっている生活をしているようです。疾病の改善のためにも適度に体を動かすように言われていますが，ほとんどできていません。

このような生活の中で，Ａさんは現在の生活をどのように捉え，今後の生活にどのような希望を持っているのかを知りたいと考えました。そして，Ａさんの希望する将来像から，支援の方向を決めていきたいと考えました。

ｉ　初めての訪問時――傾聴を心掛ける

新しいケースワーカーとなって，初めての訪問時には，Ａさんの話をできる限り遮らず，聞き役に徹しました。Ａさんは，近隣住民のこと，社会に対すること，病院のこと，行政のことなど，様々な事柄に不満を感じているようでした。それぞれの訴えに対しては，共感できることもありましたが，Ａさんの考え方に少し偏りがあると感じました。このため，ケースワーカーから，視点を変えてみることなどを提案する場面もありましたが，その発言に対して，また声を荒げる場面も多くありました。このため，初回訪問の場面では，今回は特に傾聴を心掛けようと決め，Ａさんの訴えをじっくりと聞きました。30分ほど不満を話したＡさんに対して，そろそろ帰庁する時間になると伝えると，「今日はいろいろと言っちゃってごめんね。ま，これからよろしく頼むよ。」と言われました。普段，他者との関わりの少ないＡさんは，ケースワーカーに対して思っていることを大いに語ることができ，満足感を得た様子でした。

この初回訪問を受け，Ａさんの訪問について，事前に連絡をして訪問日を設定すること，できるだけ目立たない車で訪問すること等，Ａさんが気にしていることに注意するように心掛けることにしました。

ii ２度目の訪問後――病状調査

数か月後，２度目の家庭訪問を行いました。この日は，前日に隣人と口論になってしまったようで，隣人に対する不満，転居が自由にできないことに対する不満等を話し続けていました。ケースワーカーは，就労支援の話をすることはできず，隣人に対する不満について聞き，生活保護制度における敷金等の支給要件について説明をすることに精いっぱいとなり，面接を終えてしまいました。

２度の訪問を終え，Ａさんは病状の悪さを訴えることはありましたが，通院状況等に変化がなく，病状が就労阻害要因となり得るのかどうか疑問を感じたため，主治医に対して病状調査を行いました。その結果，力仕事等の体に大きな負荷の掛かる仕事は難しいが，軽作業は可能との判断がありました。結果を受けて，Ａさんに対し，過去に経験のある工場での軽作業等を中心に短時間からでも仕事をしてみないかと提案することにしました。

iii ３度目の訪問――就職活動についての意見聴取

そこで，さらに数か月後，３度目の家庭訪問を行いました。この日も，Ａ

さんは隣人の不満や体調の悪さ等の話をしていました。しかし，これ以前の２度の家庭訪問と比較すると，声を荒げることも少なくなり，ケースワーカーに対して冗談を言う等，少しくつろいだような雰囲気を感じることができました。

そこで，ケースワーカーはＡさんに対して，病状調査の結果を伝え，就職活動についての考えを聞いてみました。すると，それまでのくつろいだ雰囲気がなくなり，これまでにないほど声を荒げ，過去のハローワークや福祉事務所の就労支援員に対する不満をぶつけてきました。興奮してしまったＡさんからは十分な聞き取りができず，この日はこのまま帰庁することになってしてしまいました。

ⅳ　ある日の訪問——生活に対する希望の聴取

また，ある日の訪問の中で，ケースワーカーはＡさんに対し，「これからどんな生活を送りたいと考えていますか？」と聞いてみました。すると，「特に希望なんかないね。言えば叶えてくれるのか？　じゃあ保護費を増やしてくれよ。できないだろう？」と冗談まじりに返答をするのみです。これに対し，ケースワーカーは収入認定の際に適用される基礎控除の説明をし，仕事をして給料を得ることができると伝えましたが，「それしか控除されないのか」との反応でした。「普段何をしている時が楽しいですか？」と聞いてみると，「何も楽しいことなんてないねえ。つらいことばかりだよ」と言われてしまいます。

③　支援困難と感じる理由

思えば，面接をする中でＡさんが口にする希望は，「近隣住民のゴミ捨てのマナーがなっていない。注意してほしい」「主治医の治療内容が納得できない」など，現状の不満を解決してほしいということばかりでした。このことは，Ａさんがそれだけ多くの不満を抱えながら生活をしているということを顕著に示しているのではないかと考えました。そして，それらの不満を抱えた状態で，将来のことを考えることは難しいのかもしれないともケースワーカーは思いました。

第４ 振り返り

1 支援の方法・手段についての考察

① 本人の話を傾聴し，生活歴から事例の背景を想像・理解する

まず，ケースワーカーがＡさんの支援に当たって，Ａさんの考えを知るため，訴えに耳を傾けることから始めました。Ａさんは普段ほとんど他者との関わりがなく，会話をしていません。一方で，家庭訪問時は，ケースワーカーが圧倒されてしまうほど，次から次へと話題が出てきます。適度な相づちを打ち，しっかりと話を聞いているという姿勢を示すことで，面接の後半には，ケースワーカーの話にも耳を傾けてくれるようになりました。

本人の話を傾聴することで，ケースワーカーの話にも耳を傾けてくれるようになることは，Ａさんだけに限りません。利用者は，それまでの生活歴を背景に，親族，友人，社会との関係が希薄になっている人が多くいます。定期的に家を訪ねるのはケースワーカーだけという人も少なくないように思います。Ａさんに限らず，家庭訪問のたびに，「この人はいつも文句ばかり言っているな」と思ってしまう人がいます。しかし，そのことは，日々，ちょっとした愚痴を言う相手がいない，ということも反映しているのではないかと考えます。他者から不平不満ばかりを聞かされてしまうことは，とてもストレスの掛かることです。ケースワーカーも人間ですから，相手の不平不満をしっかりと聞くことのできる日もあれば，難しい日もあります。不平不満ばかりを言っている，という事実のみに着目するのではなく，なぜ，目の前の利用者がそのような状況となっているのかを，生活歴等から，想像することが大切だと思います。

② ケース記録を読み込む

また，Ａさんのことを理解するために，ケース記録をしっかりと読み込むことが，支援の方向性を考えるためにとても役立ちました。ケース記録を書くこと，読むことは当たり前と思う方も多くいると思います。しかし，ケース記録に何をどのように書くかということは，多くのケースワーカーが一度

は悩んだことがあるのではないでしょうか。今回のＡさんの支援の中では，ケースワーカーをはじめとする支援者とＡさんがどのような関係性でこれまで援助関係を築いてきたか，ということを考えながら読むことで，過去の就労支援から，支援者とＡさんの間で行き違いが生じていることが分かりました。

支援に入る前に，利用者の状況を理解することが理想的ですが，担当世帯を何十世帯も抱えるケースワーカーにとって，記録を読むことも一苦労です。そこで，初めて利用者と出会う前には，まずは過去１年間程の記録にざっと目を通します。このようにすることで，直近にその世帯が抱える現状と課題を知ることができます。

続いて，保護開始時の生活歴に目を通します。生活歴には一般的に，その世帯が生まれてから保護申請に至るまでの経過が記してあります。生活歴を読むことで，学歴や家族関係，職歴等その世帯の概要を知ることができ，その人のこれまでの生き方や強み・課題を知ることができます。もちろん時間があれば全ての記録に目を通しますが，難しい場合は，ここまで目を通した時点で支援に入ることが多くあります。それ以外の部分については，支援をする中で，この部分を知る必要があるということができた時に，その知りたい部分を探すように読みます。

今回，Ａさんの記録は，就労支援について書かれている部分，実際にＡさんと支援者が出会った場面の記録を中心に読むことで，Ａさんの認識と，当時の支援者の考えや過去の就労支援の時のＡさんと支援者の関係性を知ることができ，その点を踏まえて支援目標を立てることができました。

2　本人との関係についての考察

Ａさんを支援する中で，ケースワーカーは２つのことにストレスを感じました。

１つ目は，本人が希望していない（と思われる）就労支援を進めることに対するストレスです。２つ目は，Ａさんの不平不満を聞くことに対するストレスです。

また一方で，Ａさんも過去に嫌な思いをしたことをまた話さなければならないのかというストレスがあります。

ケースワーカーもＡさんもストレスフルな状態では，良い援助関係を結ぶことはできません。本事例では，ケースワーカーと本人がお互いにストレスを抱えている状態で向き合わなければならないという関係性が支援に困難を与えていると考えました。

第5 まとめ

1 支援を困難に感じる背景・原因とは

Ａさんのように，傷病を理由として，就労をしていない稼働年齢層の利用者に対して，ケースワーカーは，一定期間ごとに医療機関へ病状調査を行い，稼働能力の確認を行います。その結果，「稼働能力有り」となった者に対して，実施要領に基づき，資格，生活歴職歴等も勘案して就労支援を行うかどうかの判断をします。このように，医療機関が「稼働能力有り」としていることのみで，直ちに就労支援を行うわけではありませんが，この判断が難しいところです。また，病状調査の結果を伝え，利用者自身が就労してみようかなと考え，行動することができれば，支援困難事例とはなりません。Ａさんのように，利用者自身が就労に躊躇する時には，困難な事例となってしまうことが多くあると思います。また，ケースワーカー側としても，すぐに就労は難しいかもしれないと考えることや，利用者自身が働くことを躊躇している理由が分からないこともあります。就労意欲喚起を目的とした自立支援プログラムとその支援メニューがある自治体もありますが，そのような手段がない自治体のケースワーカーは，そこで具体的な支援策を持つことができず，支援が進まないということがあります。

これに対して，Ａさんは過去の就労支援に良い思い出がなく，再度求職活動をすることに戸惑いがあり，支援を拒否しているのではないかと考えました。また，Ａさんは転職を繰り返しており，辞めた理由も人間関係が関わっていることが多く，そもそも仕事における成功体験が乏しいことも，Ａさんの拒否感に大きく関わっているのではないかと考えました。そして，Ａさんの生活は一見すると落ち着いています。生活保護を利用することで，金銭的な不安がなくなり，おおむね満足した生活を送っているため，就労という状況の変化を拒んでいるのではないかと考えました。加えて，近隣や行政，医療機関に対して不満が多く，自分のことを冷静に考えられていない様子も感じられます。

就労支援をしなくてはと焦るケースワーカーとそれを必要としていない利用者では，支援者と利用者が別々の方向を向いているため，支援に困難が生じていると考えました。

2　事例を通しての気づき

以上を検討して，以下の３つの点に気が付くことができました。

①　強い感情をぶつけられた時の対応

１点目は，利用者から度重なる不平不満等，強い感情をぶつけられた時のケースワーカー自身の感情のゆらぎ（怖さ，怒り等）についてです。ケースワーカーも人間ですから，このような利用者と面接をする時には強いストレスを感じることがあります。時には，相手を否定的に捉えてしまうこともあります。これは，ケースワーカーが時として感情労働と言われるゆえんでもあります。相談援助職の養成課程では，相手を理解するためには，まずは援助者である自分がどのような価値観を持っているかを理解する，自己覚知という手法を学びます。利用者から強い感情をぶつけられた時，支援者がその考えを否定したり，憤りを感じたりする場合，なぜ，自分がそのような感情を持ったのかをまず冷静に捉え，加えて利用者がなぜそのような感情を示すかを想像するということが必要だと考えます。しかし，このような手法を知らぬまま，利用者に対して否定的な感情を持ちながら支援をすることが，支援困難と感じてしまう理由の一つではないかと考えました。

②　過去のケース記録は未来のケースワーカーの力

２つ目は，ケース記録から学ぶということです。過去のケース記録には，それまでの世帯の歴史と，その世帯に関わってきた福祉事務所やケースワーカーとの関係性が書かれています。それらの経過を踏まえた上に，自分の支援があるということに改めて気づくことができます。ケース記録の書き方，読み方は，ケースワーカーそれぞれの方法があると思います。時には，こんな些細なことまで記録をする必要があるのだろうかと思うこともあります。しかし，過去の記録はきっと未来のケースワーカーの力になります。できる限り丁寧に，起こったことを正確に書き残し，その事実に対して感じたケースワーカーの所見を残していくことが大切だと考えます。

③　「支援」と「指導」

３つ目は，就労「支援」をするのか，就労「指導」をするのかということです。これまでのケースワーカー経験から，就労に限らず指導的な立場に立って利用者と接することで，十分な成果を得られることは少ないと感じています。しかし，これは福祉事務所，ケースワーカーによって考え方は異なるように思います。ただ，「支援」「指導」のどちらの立場に立って，利用者と関わるにしても，本人が就労に対する意欲を示さない場合，面接時の本人の対応にケースワーカーは徒労感を抱いたり，利用者も福祉事務所やケースワーカーに否定的な感情を持つことにもつながると考えられます。利用者，ケースワーカーが逆方向を向いたままの関係では，事例が好転することは少ないように感じます。

法第27条に基づく「指導」を行い，利用者がそれに従わなければ保護の停廃止を検討することになります。廃止となれば，福祉事務所と利用者の関係は途切れます。その前に，ケースワーカーとして十分に「支援」ができたか，少し立ち止まって考えたいと思います。支援者として利用者と関わること，すなわち「信頼関係を構築し，支援する」ということは，生活保護の現場では困難なことも多いです。だからこそ，支援者としての立場をケースワーカー自身が意識して関わることが大切ではないでしょうか。

④　本事例の現状

Ａさんは，求職活動を始めるには至っていません。就労に関する話題が出ると声を荒げる場面もまだあります。しかし，過去の就労支援について，本人が嫌な思いをしたという事実は受け止めつつ，今後の生活に目を向けられるように面接をすることを心掛けることで，少しずつ落ち着いて面接ができる時も増えてきています。就労するという結果にはすぐにたどり着くことは難しいかもしれませんが，まずは支援者を少しでも信頼してもらえることを目的に支援を行っています。

治療を望まずトラブルを繰り返す人への支援

第1　事例の概要等

1　世帯の概要

Ａさんは，30代後半の女性の方で，単身世帯です。うつ病及び境界性パーソナリティ障害がありますが，病識が低く治療に否定的で就労自立をしたいという強い希望があります。

境界性パーソナリティ障害とは，下記のような特徴のある障害といわれています。

・　気分が物事に簡単に左右されてしまう。
・　感情を爆発させやすい。
・　慢性的な空虚感を感じる。
・　一人きりになることに耐えられない。
・　衝動的に飲酒，大食，買い物などをしやすい。
・　他者を良い・悪いの両極端で評価し，評価自体も簡単に反転する。
・　現実認識が低下する。
・　リストカットなどの自傷行為をする。
・　自殺をほのめかす。

Ａさんには，上記の特徴のほとんど全てがあてはまっています。それらの特徴が，Ａさんを支援するに当たり困難が生じてくることになります。

Ａさんとケースワーカーとの出会いは，福祉事務所の面談室でした。Ａさんが生活保護申請後，訪問調査の予定を合わせるため，面接相談員から紹介をされたときです。

ケースワーカーが，Ａさんに初めて会った時の外見の印象としては，「街中にどこにでもいそうな一般成人女性」というものです。外見上身体的な障害もなく，服装や身なりも一般的なものです。そして，挨拶もできるし，コミュニケーションも問題なくとれます。事情を知らない人が，Ａさんを見たら，どうしてこの人は障害があるのだろうと感じると思います。

2　保護申請に至るまでの生活歴

Ａさんの家族は，両親とＡさんの３人家族ですが，家庭環境は悪く，幼少期から両親に虐待を受けて育ちました。早く家を出たいという理由から高校を中退し単身上京します。上京した後は，派遣社員として就職しましたが，就職先で人間関係がうまくいかず，１年程度で退職しました。

元々，精神状態は不安定でしたが，退職を機に悪化します。この頃，境界性パーソナリティ障害と診断されました。退職後はアルバイト等を転々としながら，また一時期は，婚姻し配偶者の扶養のもとで生活をしていましたが，長続きせず生活は困窮します。医療費も払うことがままならないため，精神状態も更に悪化しました。結局，働くことができなくなり，収入が途絶え，預貯金も使い果たしてしまったため，保護申請に至りました。

第2　支援困難と考える状況，課題

1　ケースワーカーが考える援助方針とＡさんの考えとのギャップ

支援を行うに当たりケースワーカーは利用者の考えを確認しながら，年度ごとに援助方針という自立に向けての支援の方向性を策定します。

Ａさんの場合，ケースワーカーが考える援助方針は，まずは，境界性パーソナリティ障害の治療を行い，安定した居宅生活ができる環境整備をじっくりと行うことです。そして，環境整備が整ったところで，就労の可否を検討し，就労支援（就職活動のサポート）を行い，自立した生活を目指すという長期的な支援を想定します。

しかし，Ａさんの考えは，ケースワーカーが考える援助方針と大きくギャップがありました。具体的には，Aさんは病識が低く，境界性パーソナリティ障害の治療に対し，否定的です。また，早急に求職活動を行い，就労自立をしたいという強い希望がありました。本来，就労意欲があることは，歓迎すべきところです。しかし，境界性パーソナリティ障害が原因で生活破綻をきたしていることから，その治療なしに求職活動のみを先行させるのは，安定した生活を考慮すれば問題があると考えます。この援助方針とAさんの考えの大きなギャップは，ケースワーカーが支援を行うにおいて支障が生じてしまいます。

2 境界性パーソナリティ障害を抱えた利用者への対応

① Aさんとの対話の困難さ

支援の基本は，利用者との対話だと考えます。対話なしに，ケースワーカーの考えを一方的に押しつけることや，利用者の希望を全て鵜呑みにするだけでは支援は成り立ちません。本音と建前は誰にでもあり100％全てが真実ではなくとも，ある一定程度の水準を保った真摯かつ建設的な対話が，支援には必要です。

しかしAさんの発言には虚偽の発言が多くあり，Aさんが関係者（医療機関，保健師，ケースワーカー等）へ話す内容の多くに明らかな相違がありました。誰が何を言った等，Aさんの都合がいいように話を変換，又は事実無根の発言をするため，関係機関内で正確な情報の共有及び実態の把握が困難となりました。このことは，Aさんを支援するにおいて大きな支障となります。

② 頻発する問題行動とトラブル

また，Aさんは，アパートで騒音問題を生じさせるほか，自傷行為から度々，警察沙汰，救急対応となるなどのトラブルを起こします。その度，ケースワーカーはトラブルへの対応を迫られるので，他の事務作業を中断せざるを得ない状況になります。また，それに伴う事務処理で時間が取られるため業務に支障が生じます。ほかには過去に，Aさんは，万引き，生活保護受給中の借金によるトラブルも引き起こしました。

③　威圧的な言動

さらに，Ａさんは，自身の都合が悪くなった際，大声で怒鳴り散らすという威圧的な態度を示します。また，「担当者を変えろ」「上司を出せ」と言った発言，「バカ」「アホ」と言った罵声や，ケースワーカーに対し危害を加えるような発言もあります。また，自分に都合が悪いと感じる人を避ける傾向があり，対人関係で支障が生じています。

第3　支援の内容

1　支援に当たっての目標

Ａさんの課題が生じるようになった原因は，劣悪な家庭環境に起因する境界性パーソナリティ障害によるものが大きいと考えます。それが原因で社会との関わりあいが困難となり，様々な問題を生じ生活破綻を引き起こしてしまっています。

Ａさんは生活保護に至るまで，十分な愛情を注がれ寄り添ってくれる人，心底Ａさんのことを心配し間違いを正してくれる人，心から信頼を置ける人等に出会う機会に恵まれることはありませんでした。それでも時は流れていきます。１人で生きていかなければいけません。その中でもがきながら生きていく術が，Ａさんの課題として浮かび上がってきたものと考えます。

ケースワーカーは，利用者の最低限の生活保障をするとともに，自立の助長を促すことを目標に支援を行います。ケースワーカーとしては，Ａさんが今まで出会わなかった人生を変えるきっかけとなる一員となりたいと考え，支援を行いました。

2　支援の具体的内容

①　支援の輪を広げる

まずケースワーカーは，Ａさんの支援を行うに当たり，ケースワーカー単独での対応は困難と判断し，複数人で連携しての支援を行うこととしました。

そこで，支援の輪を広げるべく精神疾患への知識が豊富な地域の保健師に相談し，保健師とＡさんの面談を行いました。

保健師を支援の輪に加えた理由としては，ケースワーカーだけでなく，専門職である保健師と共に，生活破綻の問題となっている原因が境界性パーソナリティ障害であるということの認識を訴えかけた方がＡさんの心に響きやすいと考えたためです。Ａさんには，そういった認識を持ってもらうよう支援に取り組みました。

②　治療の必要性の訴え

そして，生活保護費をあえて銀行口座振込払いではなく毎月福祉事務所で手渡しするようにして，月に１度は顔を合わせられる環境を作りました。過去の経験で，銀行口座振込払いにした際，面談及び訪問を拒否されてしまった結果，支援がうまくいかなかったことがあるためです。Ａさんとの関係性が途切れないことを大切にしつつ，繰り返し治療の必要性及び自立までには時間がかかるということを説明しました。

それらのことに当初，一定程度の理解を示したように見えたＡさんでしたが，なかなか治療を続けることはできませんでした。一時はクリニックへの通院をするのですが，しばらくすると自己判断で中断してしまい，なかなか病識や治療の必要性の理解が深まっていきません。

元々，Ａさんには障害についての問題意識が希薄ですし，境界性パーソナリティ障害であることに向き合い治療を進めていくことは，かなりの根気や労力を必要とします。Ａさんは，徐々に治療に対し，忌避的な態度になっていきました。その中で，幾度となくケースワーカーから治療の必要性を訴えられるわけですから，ケースワーカーとの関わり合いも徐々に忌避的になりました。生活保護を受ける前までは，不都合な存在であれば関係性を切ってしまえば良かっただけですが，生活保護を受け続ける以上，ケースワーカーとは関わり合いを持たなければいけない存在です。

ケースワーカーとＡさんとの面談，電話で話が平行線上になり，長時間に至ることもしばしばありました。話が平行線上で埒があかない状態が続

く → 渋々ながら治療を開始する → ほどなくして治療が辛くなり自己判断で通院を中断する → 関係性の切れない煙たい存在のケースワーカーからの説得が続くという流れを繰り返すといった感じになりました。

③　支援する中で心掛けたこと，悩みや気づき

Ａさんを支援する中で心掛けたこと・悩みや気づきなどとして，下記のようなことが挙げられます。

まず，心掛けたこととしては，山積する課題をケースワーカー一人で抱えこまないよう，支援の輪をできる限り広げようとしました。それと同時に，援助方針とＡさんの考えのギャップを解消するため，保護費を福祉事務所で手渡しするという方法をとって，Ａさんと直接会う機会を作り，治療の必要性等を繰り返し話すことを大切にしました。

一方，悩みや気づきとしては，援助方針のギャップが埋まらず，いつも同じ流れを繰り返すことに困難さを感じました。そして，保護費の受給・支給の関係性があることから，ケースワーカーは，Ａさんにとって関係性の切れない存在という難しい立場であることも感じました。

今思えば，治療開始及び継続を急ぐばかりに，Ａさんとの話題は，治療の必要性を訴えることが大部分を占めており，ケースワーカーが指導的な立場になっていたと思います。ケースワーカーに会いに行くたび，Ａさんにとって話したくない話題を指導的にされれば，嫌になるのも当然です。Ａさんのことを思えば，遠回りになったとしても，雑談等を意識的に多くして嫌な印象を少なくし「話を聞いてもいいかな」と思えるような関係に近づければ良かったと思います。

3　ケースワーカーを苦しめた２つのトラブル対応

①　隣人との騒音トラブル

まず，１つ目はアパート隣人との騒音トラブルで引っ越しをさせてほしいというものです。その内容は，Ａさんから大家に隣人の騒音トラブルで連絡が入ったことで，大家がＡさんの隣人に連絡をしたところ，むしろＡさんの

隣人からＡさんが騒音トラブルを起こしているとの訴えを受け困惑しているというものです。大家が事実確認をした結果，どうやらＡさんが騒音トラブルを起こしているということが分かり，Ａさんに注意を促すも全く聞き入れる様子がないので，大家からケースワーカーに何とかしてほしいとの訴えに至りました。

Ａさんが起こした騒音トラブルにより，アパートでの立場が悪くなり，引っ越したいという欲求が出たところで，Ａさんが隣人に責任転嫁し，自身の防衛を図りつつ，この状況から離れるため，引っ越しの要望を出してきたということになります。

ケースワーカーとしては，Ａさんと大家との板挟みになり，対応に苦労をしました。また，問題が大きくなってしまい最悪の場合は，Ａさんが大家に立ち退き要求をされてしまうこともあります。

Ａさんには，騒音トラブルであるならば，まず大家に相談することを伝えました。ケースワーカーも大家と連絡を取り状況把握をすると伝え，情報が混乱しないように環境を作ります。あとは，Ａさんに対しての丁寧な説明を行いました。「生活保護では，隣人の騒音トラブルだけでは引っ越し代を支給できないということ」「(実際は，Ａさんが騒音トラブルの張本人であるが，Ａさんの主張のとおり，隣人が騒音トラブルを起こしているのであれば) 一般的には，騒音トラブルを起こしている側が悪いわけであるから追い出されるべきは，隣人のほうである」という趣旨のことを根気強く説明します。

根気強くというのは，Ａさんは無理難題の要求を飲ませようというかたくなな姿勢でケースワーカーに要求をします。簡単には引きません。時には，泣きながら，また泣いていると思っていたら物凄い剣幕で怒号をあびせながら，面談，電話等，手法を選ばず何度も何度も訴えてきます。ケースワーカーは，山積みとなっている事務処理作業を止め，場合によっては，会議や訪問等の他の予定をキャンセルし，長い時間をかけて，「その要求は通りませんよ」ということを何度も何度も説明しました。その一方で，根本の問題を解決するため，それとなく自身の騒音トラブルを起こさないよう伝えました。

②　自傷トラブル

２つ目は，自傷のトラブルです。Ａさんは，精神的に不穏な状態になると自傷行為をするとほのめかす傾向がありますが，ほのめかすだけでなく，自傷行為に至る場合もありました。また，その際Ａさんは，大家，警察など第三者に予告をするということをたびたび起こしていました。ケースワーカーとしては，そのたびに驚いた関係者から連絡がきて早急に対応を求められることが悩みのタネでした。

そのため，トラブルが生じた際，理解を得やすくすると共に，支援の輪が広がることになるという考えから，迷惑を掛ける関係者には，情報共有をすることとしました。支援方針としては，まず，Ａさんの了承を取り，大家にはＡさんは境界性パーソナリティ障害であるということ，また，その障害の特徴などを説明しました。障害に対する理解をしてもらうとともに，仮にそのような事態になった際は，ケースワーカー及び保健師もしくは担当医に連絡してもらうように協力を依頼しました。

警察にもＡさんの了承を取り，情報提供を行うと共に，その都度，説明を行いました。また，Ａさんには，仮に精神的に不穏な状況になった際は，まずは，ケースワーカー及び保健師もしくは担当医に連絡するよう促しました。

実際，自傷により医療保護入院となることもしばしばありました。ケースワーカーはそのたび，保健師と同行し遠方の病院に出向き，退院に向けて今後のＡさんについての支援を検討するため，カンファレンスに臨みました。

第４　ケースワーカーのストレス及び振り返り

１　ケースワーカーのストレス

①　膨大な時間と労力を要するトラブル対応

Ａさんを支援する中で近隣トラブルは，ケースワーカーが本人・関係者と板挟みになることもあり苦労します。

情報整理及び状況把握は，関係者からよく話を聞き何が真実なのかを判断しなくてはいけません。それには時間がかかり，滞ってしまった他の業務を処理することには，大変な労力を費やしました。それに加え，Ａさんからの無理な要求に応えない姿勢を貫き，かつＡさんにもトラブルの原因があると何度も丁寧に伝えることは，非常にストレスとなりました。

また，関係者に迷惑をかけることも悩みのタネでした。そのため，トラブルが生じた場合，理解が得やすくなると共に，支援の輪も広がることになるという考えから，迷惑をかける関係者には，本人の了承を得た上で，あらかじめＡさんの障害のことを伝えることにしました。しかし，通常業務にも余裕がない中，多くの関係者との連絡調整という骨の折れる仕事が増え，ケースワーカーが振り回されることにもストレスを感じました。

② 停滞する支援

トラブルが多くとも，支援が順調に進み改善の兆しが見えれば，まだストレスは少なく感じます。しかし，ケースワーカーと利用者の考えが乖離し，支援が停滞する場合はどうでしょう。

今回の事例では，ケースワーカーの支援方針は医療機関への定期的な受診をし，治療することで長期的なスパンで生活改善を図っていくというものでしたが，Ａさんの考えは，すぐの就労を望むもので，双方の意見は調わず，平行線上の一途を辿りました。

結果として，Ａさんの症状は，改善することなくトラブルが頻発しました。加えて，支援も進まずケースワーカーとして歯痒い状態が継続し，ストレスとなりました。

2 振り返り考えるケースワーカーと利用者との関係

① 利用者との間の溝

ケースワーカーと利用者の考えが乖離する，「信頼関係の欠如」が一番大きいと考えます。信頼できる人から言われることと信頼していない人から言われることでは，物事の理解に雲泥の差が出ます。ケースワーカーと利用者の関係が，協力的であるか，対立的であるかということが支援する上で，一番のポイントになるでしょう。

特に課題の多い利用者に対しては，ケースワーカーが，指導的であったり，制限を与える存在であったりすることが多くなりがちで，利用者にとっては目の上のたんこぶのような存在になり，敵対関係の構図ができやすいと思います。実際，Ａさんに対しても「治療を望まないＡさんに，指導的に治療を求めること」「転宅を希望するＡさんに転宅を制限すること」「上記のトラブルを再発しないよう指導すること」があり，結果的にＡさんとケースワーカーが衝突することが少なからずありました。

そして，トラブル対応の機会が多くあったことから，それに時間を取られ，Ａさんとの関係性作りが疎かになってしまいました。本来であれば，信頼関係を構築しつつ，同じ方向を向きながら支援に取り組むべきですが，この構図によって，ケースワーカーとＡさんの間に溝ができてしまい，支援がうまくいかなくなってしまいます。これは，ケースワーカーにとってストレスですし，何より，Ａさんにとってもストレスです。

②　信頼関係の構築

信頼関係を構築するためには，そういった構図の中でも，いかに利用者に好感をもち，共感し，気遣いができるかが重要だと感じています。それは，利用者の抱える課題が多ければ多いほど，ケースワーカーにとって大変なことです。今回の事例ではうまくいきませんでしたが，ケースワーカーはそのことに取り組み続けなければいけないでしょう。

筆者はケースワーカーとして，相手に好感をもち，共感し，気遣いをしたことで利用者との関係性がぐっと良くなったことを経験しています。具体的には，今までつっけんどんで関係性がうまく構築できていなかった利用者が，いつもと違いマスクをして来所した際，ふいに出た「風邪ですか？　大丈夫ですか？」という言葉がきっかけで明らかに声のトーンが変わった瞬間，コミュニケーションがとれなかった利用者に対して「これをしてください」「あれをしてください」という指示的な言葉でなく，「○○さんのためを思えば，○○をしたほうが良いと思っています。○○さんのことが心配です」というような言い回しにしたことで気持ちがストレートに伝わったこと，いつも口論になってしまう利用者が，気持ちが高ぶらないよう，あえて冗談を言って共に笑いあえたことで口論が減ることなどです。

今回の事例では，特に課題が多く，トラブル対応等に意識がいってしまい，また，Ａさんからの罵詈雑言も相まってこういったことがうまくできなかったように思います。

③　トラブルはSOSのサイン

トラブルについては，理由はどうあれＡさんの辛い状況を示すSOSのサインであったということに早く気付くべきであったと思います。ケースワーカーは，そのSOSのサインに理解を示しつつ，共感しゆっくりと考えの修正を行うべきだったと感じています。いくら理不尽なことを言われ，罵声を浴びせられようとも，共感や気遣いを忘れてはいけないと振り返りを経て，改めて思いました。

④　ケースワーカーの担当期間の問題

また，援助方針とＡさんの考えとのギャップの解消を急ぎすぎてしまったこともＡさんと関係性が構築できなかった要因と感じました。人は誰しも自身が関わったことについて，結果を出したいと思うものです。ケースワーカーとて，その感覚は往々にして持つものでしょう。そこでネックになるのが期間の問題です。ケースワーカーは，平均すると１年から２年で担当地区の入れ替わりがあります。その期間の中で，何ができるか，ということを考え，少しでも問題を前に進めたいという思いで支援をすることも少なくないと思います。そういったところにも，長期的な支援が必要とわかりつつもケースワーカーとしての考えからのジレンマを感じるというところがケースワーカーのストレスとなることもあるでしょう。

⑤　急ぎすぎない支援

Ａさんのように，ケースワーカーがストレートに要求をしても真っ向から意見がぶつかってしまいうまくいきません。まずは，相手のことを理解する姿勢を全面に見せて，最後の最後に，「でもねぇ」と言った形で伝えたほうが，受けとめてもらえやすいでしょう。それには，氷を溶かしていくようにじっくりと時間をかけて，Ａさんと向き合うことが必要です。急がば回れという言葉のとおり，急ぎすぎない支援が好ましいと振り返りの中で気付きました。

第５　まとめ

Ａさんの支援を振り返り，困難事例であればあるほど「いいかげん」に仕事をすることが大切ではないかと感じます。「いいかげん」とは，決して利用者への対応をないがしろにするわけではありませんし，保護の変更決定等必要な事務処理はしっかりと行います。ここで言う「いいかげん」とは「良い加減」という意味です。

野球では，一般的に３割打てれば強打者と言われています。プロ野球でも打率が２割台の選手がほとんどで，打席に立って７割から８割失敗をしても良いのです。ケースワーカーは，打率がほんの数厘でも強打者であると考えます。その打席の中で，たまたまバットに当たってヒットになった，紆余曲折の中でたまたまうまく支援がいったらそれで良いのです。また，それくらいの心持ちが「良い加減」だと感じます。ケースワーカーとしての使命は，「良い加減」な心持ちで病気や怪我をせず，そのバッターボックスに立ち続けることだと思います。

課題が多い利用者に対しては，往々にして支援に比較的長い期間を要することが一般的です。それは，生活保護に至るまでの人生で積み上げられてきた課題であり，それを赤の他人であるケースワーカーが解決できるのかどうかということを考えたとき容易に想像が付くことでしょう。

今回の事例のように，抱える課題が多い利用者に向きあうときは，うまくいかないこと，どうしようもないことは当たり前として心づもりを意識することが重要と考えます。振り返りを経て，「良い加減」にバッターボックスに立ち続けること，そして，うまくいかなければ次のバッター（ケースワーカー）に引き継いで，その利用者が自立することのサポートをするべきと思いました。

生きる意欲を失った人への支援

第１　事例の概要等

１　世帯の概要

Ａさんは60代男性。単身世帯です。裕福な家庭で出生しましたが，不良仲間との付き合いもあり中学校を卒業後，アルバイトでの生活をしていました。その仕事も40代の頃に辞め，その後は就労をせず両親と共に生活をしていました。それからしばらくして，両親が相次いで亡くなり単身で暮らすこととなり，両親が残した財産を使って生計を立てていましたが，数年ほどで底を付き，生活保護を申請することとなりました。

生活保護開始後，しばらくして，Ａさんは腰部の痛みが続くようになり，日常生活動作（ADL）に懸念が出るようになったため介護保険の認定申請を行い，介護サービスを導入することになりました。Ａさんは状態を良くしようと積極的に取り組んでおり，支援は順調に進んでいきました。

２　退院後のＡさんの変化

そのような中，Ａさんは肺炎を発症し入院。２か月程度経過しても状態は良くならず，むしろ悪化の一方をたどる状態であり，結局，在宅酸素が必要な状態で退院となりました。以後，Ａさんは病院の受診をせず，支援に来た訪問介護ヘルパーを恫喝して追い返し，通院も介護サービスも拒絶し，人との関わりを避けるようになりました。また，将来に対して自暴自棄になり保護費を散財するようになりました。しかし，ケースワーカーの訪問だけは拒んではいませんでした。

3　ケースワーカーの訪問

Ａさんが病院への通院を拒絶し，訪問介護ヘルパーを恫喝して追い返しているという訪問介護事業所からの報告を受けたケースワーカーは，「各種サービスの利用再開」を援助方針として設定し，Ａさん宅を訪問することにしました。

ケースワーカーはＡさん宅には今まで何度も訪問を行い，「あなたが担当でよかった」と言われていたため良好な関係を築けていると思っていました。そのため上記報告を受けた際，自分が各種サービスの利用を再開するよう伝えれば，Ａさんは再会してくれるだろうと楽観的に考えていました。しかし，実際に訪問してみると，Ａさんは非常に憔悴しきっており，ケースワーカーの問いかけにもあまり答えない状態でした。

今回は気分が優れないからこのような対応をしているのではないかと思い，日を改めて再度訪問しても，Ａさんの状態に変化はありませんでした。

第２　支援困難と考える状況，課題

課題の分析

在宅酸素療法状態になる前のＡさんと，なった後のＡさんでは対応が異なることを認識した上で，Ａさんの置かれている状態を十分に把握し，実情に合う援助方針実現までのプロセスを考えていくことにしました。

そこでＡさんの課題とケースワーカーから見たＡさんの課題を区別して，分析することとしました。

①　Ａさんの課題

Ａさん宅を訪問した際の様子から，課題は以下にあると考えました。

Ａさんは在宅酸素療法状態であり，その利用継続には最低月１回の病院受診が必要となります。しかし，退院後一度も病院を受診しておらず，ケースワーカーが訪問するごとに全身の浮腫みが顕著になっていたため他の疾病への羅患も危惧されます。

②　ケースワーカーから見たＡさんの課題

ケースワーカーが強制的に病院を受診させることはできないので，本人に自発的に通院するよう促していく必要があります。しかし，Ａさんの受診への拒絶は非常に強く，短期間で自発的に通院を実現させるのは難しいと考え，長期的なアプローチで受診につなげていく必要があると考えました。

i　自殺願望の緩和

訪問時は，「遅かれ早かれ自殺するのだからもう放っておいてくれ」等の発言もみられました。Ａさんに自殺願望があると，ケースワーカーの支援の声は届きません。そのため，自殺願望を緩和させることを念頭に置きつつ対応を行うことが必要だと考えました。

ii　保護費の浪費への対応

在宅酸素療法状態で退院後すぐ，Ａさんは自身の今まで貯えていた保護費を取り崩し，骨董品等を購入していました。今までのＡさんは計画的に保護費を費消していたため不審に思ったケースワーカーがなぜ骨董品等を購入したのか問い掛けたところ「どうせ自殺するし最期にお金を使っておきたい」と述べていました。

このまま浪費を続けてしまうと，毎月の生活が成り立たなくなってしまうため，Ａさんに対して有効な施策を打ち出すことは喫緊の課題であると考えました。

iii　各種サービス等の利用拒絶への対応

Ａさんは在宅酸素療法状態になる前までは，今後は自分で事業をして生活保護を廃止したい等の夢を語っていました。ケースワーカーもそれを受け，まずは将来事業を行いたい職種に関連するアルバイトから始めてみてはどうかと伝え，一緒に求人を探したりしていました。

しかし，在宅酸素療法の導入により，外出時は常に酸素ボンベを持って外出せざるを得ず，退院時には医師から本人に直接「今後就労は不可能」と告げられてしまいました。

Ａさんが各種サービス等の利用を拒絶し極端に人と会うことを拒絶する理

由について真意は不明ですが，おそらく元気だった頃の自分と現在の自分とを比較し，将来に希望が持てなくなったことが，上述した支援困難要素を発生させた根本要因ではないかとケースワーカーは考えました。

そのため，ケースワーカーとしては，Ａさんに将来の希望を持ってもらうことが支援困難要素解決の糸口であると判断し，そのことを念頭に置きながら対応に当たることとしました。

第３ 支援内容（分析に基づく対応）

1 支援困難要素の解決に向けて

① 自殺願望緩和の手法を学ぶため，研修を受講

対応の第一段階として，Ａさんの自殺願望を緩和させるために何ができるのかを考えました。とは言っても，ケースワーカーは今までの人生で常時自殺願望を持っている方と接したことはほとんどなかったため，自殺願望緩和の手法を学ぶために職員研修の一環であるゲートキーパー研修を受講することとしました。

研修では，自殺願望がある方はおおむね，物事の考えが狭く硬直的になる傾向が強いようで，そのような状態の場合に対象者が持つ課題を複数解決しようとするのは対象者にとっても支援者にとっても望ましくないということを学び，非常に勉強になりました。

② 福祉に精通した関係機関からの学び

しかし，このような一般化・マニュアル化された概念だけを知っていたとしてもそれが現場で有効に活用できるかは分かりません。そのため，実際にそのような対応をしたことがある方の話を聞いてみたいと思うようになりました。

そこで，地域包括センターをはじめとした福祉に精通した関係機関の職員と一緒に仕事を行う際には，「今まで自殺願望を持った方の対応をしたことがありますか。その際どのような対応をしましたか」と質問し，より実践的

なＡさんの対応の模索に努めました。

③　具体的な対応策の実践

このような学びから，ケースワーカーはＡさんの自殺願望緩和のための対応を，以下のように行うこととしました。

ⅰ　Ａさん宅に最低月４回の訪問を行う。各種サービス等の利用再開については一切話さず，現在の体調や困っていること等の聞き取りを行う。

ⅱ　Ａさんの自殺をしたいという発言に対しては肯定も否定もせずに対応する。Ａさんが自殺したい気持ちを語って気持ちが高ぶっている際は言葉を一切挟まず，傾聴の姿勢をとる。その中で心理的に考え方が狭くなっている状態になっている根本要因の把握に努める。根本要因の把握ができたら，その解決に向けて取り組んでいく。

このような対応を２か月程度行ったところ，Ａさんは少しずつ自分の気持ちを話してくれるようになり，自殺したい等の言動も次第に少なくなってきました。

ケースワーカーは自殺願望がある人を支援する専門職ではないため，どのような切り口から支援を始めていくのか悩みましたが，関係機関の職員に，実践的な対応について質問したことが解決の糸口になりました。関係機関の職員と常日頃の仕事を通じて良好な関係を築くことは非常に重要であるということを認識する機会となりました。

④　保護費浪費の抑制への支援

Ａさんの自殺願望が緩和されたように見受けられたため，ケースワーカーはＡさんに対して保護費の浪費をやめることはできないかと問いかけました。以前のように「どうせ自殺するし最期にお金を使っておきたい」等の発言はなくなりましたが，「計画的に生活保護費を使うイメージが持てなくなった」と述べ，浪費を抑制することは難しいと訴えていました。

そのため福祉事務所が業務を一部委託している事業者が行う金銭管理事業の利用を薦めてみたところ，「俺なんかに税金をつぎ込むのも悪いから自分でやってみる」と述べていました。しかし，このように言った次の日には，また骨董品等を購入しており，Ａさんが自分で浪費をやめることは厳しいと判断しました。そこで再度，事業者による金銭管理事業の利用を促してみたものの「自分でやる」との一点張りでした。金銭管理はＡさんの同意がなければ行えないため，完全に行き詰ってしまいました。

⑤　査察指導員からの助言と利用者に合わせた柔軟な対応

そこで，このような場合の有効な対応を査察指導員に相談したところ「あまり過干渉に利用者の課題を解決しようとすると，逆に利用者の自立を阻害することになる。一旦，月４回の訪問や電話を取りやめて，自分で全てやらせてみてはどうか」との助言を受けました。

このことを参考にして，Ａさんに１か月間は自身で保護費の管理をしてみて，厳しいと感じたらケースワーカーまでまた連絡するよう伝えました。そのように伝えた約３週間後，Ａさんより電話があり「保護費が全く無くなってしまい困っている。もう自分の意思で浪費をやめることは厳しいと実感した」との連絡がありました。そこで再度，業者による金銭管理事業の利用を薦めたところ，Ａさんからぜひやってみたいとの回答を得られ，導入することができました。

Ａさんへの事業者による金銭管理の導入は，しっかり金銭管理をすることの限界をＡさん自身に気づかせるといったことで実現させることができました。これにより，利用者の抱える課題に絶え間なく支援を行い続けることが，逆に利用者の自立を妨げる場合もあるということを認識することができました。同時に，ケースワーカーの支援には時期や利用者個々に合わせた柔軟さが求められるということも分かりました。

一方で，Ａさんに１か月間電話や訪問を行わなかった際には，Ａさんが「ケースワーカーが自分に呆れて来なくなってしまった」と思い，ますます自暴自棄になってしまったらどうしようといった気持ちも出てきました。また，今回は「意図的」にＡさんへの連絡を行わなかったわけですが，これはケースワーカーがＡさんへの対応がうまくいかず逃げているのと同じではないかと考えてしまうこともありました。

⑥　通院及び介護サービス利用の再開

Ａさんの口から死にたい等の発言がなくなり，金銭管理も行うことができ，更に前向な発言が見られるようになったため，通院及び介護サービスの利用再開を促すこととしました。しかし単にケースワーカーが口頭で各種サービス等の利用再開を促しても，それが有効に機能するかは分かりません。

その際，福祉に精通した関係機関の人たちがよく述べていた「一人で対応することに限界が来たら，色んな関係機関を巻き込んで課題を共有するとスムーズに行く場合が多い」という言葉を軸にして利用再開への対応策を考えました。

Ａさんの場合，様々な関係機関を導入しても機嫌が悪くなると激昂し暴れてしまうため，新規で関係機関を導入することは，ほぼ不可能だと考え，Ａさんが在宅酸素療法状態になる以前に関わっていて，かつ良好な関係を築いていた関係機関の方を探すことにしました。すると，Ａさんには生活保護になる前からずっと受診していた診療所があることに気づきました。すぐにその診療所のＡさんの担当医師に連絡をし，現在の状態を伝えたところ，往診を引き受けてくれることになりました。

その旨をＡさんに伝えたところ，「わざわざあの医師が来て診察してくれるなら断ることはできない」と述べ，往診を導入することを承諾してもらうことができました。また当該医師より，Ａさんの性格等を考えると新しいサービスを導入する際に一気に様々なサービス等も導入したほうがうまくいくのではないかというアドバイスもあったため，往診の初回に当該医師，訪問看護師，介護ヘルパー，ケースワーカーといったＡさんを取り巻く関係機関全員で立ち会うこととしました。

初回往診時，Ａさんは多少興奮する場面はあったものの思いのほか穏やかに医師の往診や介護ヘルパーによる生活状況の聞き取りに応じていました。関係機関の方が帰り，二人きりになった際に，Ａさんは泣きながら「ここまで手を尽くしてくれて本当にありがとう。今までわがままばかり言って本当に申し訳なかった」と述べていました。

⑦　今回の支援を通して

ケースワーカーは定期的な担当地区の変更があるため，限られた期間でしか利用者をみることができません。今回の支援を通じて，利用者のことを昔から知っている関係機関等につなぎ，支援の方向性について意見を聞くことが支援をする上でいかに有効かを身をもって感じました。

加えて，ケースワーカー一人で支援を行う限界を知り，ケースワーカーの仕事の本質は，利用者を取り巻く制度や人的資源を十分に把握し，課題を抱えた際にすぐ関係機関等につなぐことにあると感じました。

2　支援を継続させるために

各種サービス等の利用再開という援助方針を達成することでき，これでＡさんは大丈夫だろうとひと安心していました。

①　継続支援の大切さへの気づき

そんな折，全国の生活保護ケースワーカー等が参加する公的扶助研究会の全国セミナーに参加しました。この会で全国のケースワーカーと交流し，ケースワークをどのように行っているのかをお互いに話す機会がありました。そこで，Ａさんの事例と同じように，４年間通院を拒絶していた状態から通院再開に持っていき援助方針を実現できたものの，当時の担当ケースワーカーがそれに安心したのか援助方針達成後に通院継続支援を行わず，今では通院もしなくなり病状が悪化し，更に支援困難となっている事例の話を聞きました。

このことを聞いて，Ａさんの対応は援助方針を実現できたら終わりだと考えていた自分自身の考えを反省するとともに，Ａさんが安定して各種サービス等の利用を継続するためにケースワーカーは何ができるのかを考えるに至りました。

②　継続支援の方法

そのためにまず，Ａさんにとってケースワーカーはどのような存在なのか，関係機関の職員から見てＡさんとケースワーカーの関係はどのように見えるのか，そういったことを考え，自分の立ち位置からできるサービス等継続のための支援方法を考えることとしました。

Ａさんはケースワーカー以外の関係機関の職員が来ると激昂することが多いのですが，ケースワーカーが一緒にその職員と同席すると激昂しません。これを踏まえて，新たなサービスが入った後の約１か月間はＡさんに何らかの支援が入る際には必ず同席をすることとしました。そのおかげか，現在はケースワーカーが同席しなくてもＡさんは関係機関の職員に激昂することはなくなりました。

また，関係機関各々を別個として捉えて支援を行うのではなく，一つのチームとして包括的に支援を行っていく必要があると考えました。そのため，Ａさんに何らかのサービスを導入する前に関係機関の職員と電話等でやり取りを行い，各々が支援を行う際の役割分担を話し合うことを心掛けました。具体的には，Ａさんに寄り添って支援を行ったり，叱咤激励しながら支援を行うといったものです。その上で，定期的に些細なことでも情報共有を行い，臨機応変に対応ができる支援を行えるよう努めました。

第４　振り返り

比較的順調に支援が進んでいるように思われるかもしれませんが，支援の最中，様々な葛藤がありました。

１　他の業務を圧迫することへの葛藤

まず，他の利用者に対応できる時間が少なくなるということです。

毎日のように何本も電話が鳴り，常に今まで経験したこともないような課題が利用者に発生しそれに対応しなければならないのが生活保護ケースワーカーの仕事です。Ａさんの支援を行っている最中に別の利用者や溜まっている事務作業の事を考え頭がいっぱいになり，イライラすることも多々ありました。Ａさんの対応でなかなか進展がない時期には，「もう本人が通院も何もしないと言っているのだから，好きなようにさせたほうが良いのではないか」と自問自答していました。

2 Ａさんへの対応はこれで良いのかという葛藤

次に，自身が行っているＡさんへの対応はこれで良いのかという葛藤です。

ケースワーカーにとって，自身が経験したことも無いような困難を経験している利用者への対応に悩むことはよくあることだと思います。ケースワーカーが面談をした後に，利用者が自殺を図ってしまうことも現実に起きており，ケースワーカー自身が「今回は，利用者に寄り添える面談ができた」と思っていても，実際，利用者から見れば，そうではない場合もあります。

Ａさんの件も毎回の訪問調査時，最善の対応をするよう心掛けていたものの，家庭訪問が終わると，「本当にあの対応で良かったのか，もし自分の対応が至らないもので自殺してしまったらどうしよう」等と常に不安感が残ってしまい，業務外でも気持ちが収まる時がありませんでした。

3 根気強く支援を継続できた理由

それでもＡさんへの支援を根気強く継続できた理由として大きかったのは，職場の同僚等の支えであると思っています。Ａさんの対応に行き詰った際に，職場の同僚が「そんなこともあるよ」等のさり気ない気遣いをしてくれたのは，自分にとっては大きな支えになったと思っています。一人で抱え込みがちなケースワークにおいて仲間意識を持っており，いざとなれば助け舟を出してくれるような職場の同僚の存在は非常に大切だということを認識しました。

第5 より良い支援を行うために

ケースワーカーの負担軽減のためには

オーバーワーク気味の中で，疲労し精神的につらい思いをしているケースワーカーも多いと思います。これはケースワーカー個人の精神力云々ではなく，職場環境や制度的な問題により引き起こされるものではないでしょうか。ケースワーカーが利用者に対して良い支援を行うためには，ケースワーカー自身の精神の健全さは前提条件であると常々思っています。

そこで，最後にＡさんの対応を通じて感じたケースワーカーの負担を減らすために筆者が考えていることを述べたいと思います。

①　福祉事務所の実情

利用者は様々な課題を抱えており，その課題の解決は一筋縄ではいきません。また，社会保障制度の複雑化に伴い業務内容は年々増えている状況です。それに加え，社会福祉法の規定では市部の福祉事務所は80世帯につき１人のケースワーカーの配置とされているにも関わらず，現実は100世帯以上に１人のケースワーカー配置としている自治体も多いです。公務員の数は減っている一方，生活保護の新規申請者数は年々増加しており，今後もケースワーカーの負担は増えていく一方だと思います。

単純計算ですが，残業を入れない実質的な１か月の労働時間は約160時間であり単純に担当世帯数が100世帯とすると１か月のうち１世帯当たりにかけられる時間は1.6時間しかありません。仮に，施設入所等で定期的な訪問や見守りが必要の無い利用者を多めに見積もって３割と仮定して除いたとしても，１世帯当たりに１か月２時間程度しか時間を割くことができません。

生活保護のケースワークにおいて，正解は存在しないため，どれだけ時間や労力を注ぐかはケースワーカー次第になってしまいます。そのため，10人のケースワーカーがいれば10通りの対応の方法が存在することになります。そして１人のケースワーカーが担当する利用者はそのケースワーカーだけの案件であり，他のケースワーカーは関与しない福祉事務所もあるということを聞きます。そういった福祉事務所では，実質的に，１人当たり約100世帯の利用者の全責任をケースワーカー１人が背負う状況になっているといっても過言ではありません。

②　良好な職場環境や関係機関との関係性の実現

Ａさんの対応を継続できた理由の一つとして職場の同僚等の支えがあった

ことを挙げました。もし職場の同僚等に「Ａさんはあなたの担当だから他のケースワーカーには関係ない」という趣旨の言葉を言われたりしていたら継続することは厳しかったように思います。

そのため，上述したようなケースワーカーの個人主義を徹底しすぎることは利用者にとってもケースワーカーにとっても大きな危険性をはらんでいるということを福祉事務所全体で認識すべきであると考えています。

そのような職場環境を構築することが難しい福祉事務所では，係の垣根を越えてケースワーカーとコミュニケーションを取る機会が多い査察指導員が，ケースワーカー同士の横のつながりの強化を促していくことが必要ではないかと思います。

また，Ａさんの対応において，直接的な対応のアドバイスをくれたのは関係機関の職員でした。職場外の関係機関の職員と良好な関係を築いていると，困ったときに相談に乗ってくれたり，訪問に同席してくれることもあり，非常に心強い味方になります。これについては一朝一夕で実現できるものではないので，関係機関の職員に状況の報告を適宜行い，誠実な対応を行う等の日々の積み重ねが重要になってくるのではないかと思います。

どんな事でも気兼ねなく相談できる職場環境の実現や関係機関の方との良好な関係性が実現できれば，ケースワーカーの負担は格段に下がるのではないかと思います。

第６　終わりに

Ａさんは現在安定して各種サービス等の利用を行っており，関係機関の職員に激昂することはなくなっています。簡易なボランティアをしてみようかなと述べることもあり，将来に対して前向きな姿勢も垣間見えてきています。

Ａさんの対応を行っていく中で，ケースワーカーの職務は非常に結果が見えづらく粘り強さが求められるものであることを認識しました。

世の中にある仕事でここまでダイレクトに人の人生に影響を与えることが

できる仕事は，なかなかありません。それゆえ，ケースワーカーは常に大きなプレッシャーを背負って職務を行わざるを得ません。しかし，常にプレッシャーを抱え，起こる出来事一つ一つに神経を張り詰め，自分一人で解決することにこだわっていたらケースワーカー自身がつぶれてしまう可能性があります。

このようなケースワーカーの抱えるプレッシャー等をなくすことは職務の性質上厳しいですが，福祉事務所の職場体制等で緩和させることは可能だと思います。

生活保護制度は憲法25条の生存権を実現する重要なものです。それゆえにその業務はより住民福祉に資するものであるべきだと思います。そのためには，ケースワーカーが自身の職務に誇りを持ち自己研鑽に励むことはもちろん，福祉事務所全体も職場体制の見直し等の取組を行う必要があると思いました。

ケースワーカーとの関係性を持つことが困難な人への支援

第1　事例の概要等

1　世帯の概要

Ａさん（30代・女性）は，高校生の長女との２人世帯です。Ａさんは身体障害者手帳を持っており，あわせて精神疾患の診断のほか，パーソナリティー障害もありますが本人には知らされていません。

支援者間の共通認識としては，様々な不適応行動は，精神疾患やパーソナリティー障害によるものとの見方で一致しているのですが，本人は精神疾患とパーソナリティー障害について，受容ができず，働いて生活保護から抜け出したいという強い希望を表明しています。

福祉事務所の状況としては，年度が替わり，３人のケースワーカーの大幅な人員の入れ替えが行われたところでした。

長女は高校在学中です。進学を希望していた時期もあったようですが，困難な状況の中，徐々に意欲を失っていく様子がケース記録に残されていました。また，障害を持つＡさんができない家事全般を長女が行っていました。しかし，Ａさんは長女について「何もできない子だから，すべて自分がやらなければならない」と訪問の度に話しています。

Ａさんは高校卒業後，結婚し，長女を出産しましたが，長女が幼い時に離婚し１人で働きながら長女を育てていました。その後，再婚と離婚を繰り返し，数年前から現在の住居に住み始めましたが，その後も交際相手が何度も変わっています。これまでの離婚原因はＡさんの浪費や借金が大きかったようです。

最後の離婚後に病気で入院し，身体障害者手帳の交付を受けました。その後，仕事に復帰できず，Ａさんの実父からの支援継続も困難となり生活保護受給に至りました。

保護開始後，パート就労したこともありますが，いずれも続かず短期間で解雇され，ここ数年は就労していませんでした。

2 ケースワーカーの困りごと

Ａさんは，「困難な状況の中，健気に子育てしているが，福祉事務所から様々な妨害を受け，差別的な扱いをされている」という自身の強い思い込みがあるようです。ケースワーカーが考えるＡさんに表れている困りごととして，以下のものがあります。

①強い被害妄想

査察指導員，Ａさんの母，前任ケースワーカーに対する被害妄想があり，その日によって矛先が変化します。

②繰り返される自傷行為

子どもの前で自傷行為を繰り返します。

③様々な機関への被害の訴え

興奮状態の時には日弁連，厚生労働省，総務省，最高裁，県庁，警察署，市長など，「査察指導員やケースワーカーの不出来」について手当り次第に電話を掛け，連絡を受けた先から照会の電話がかかってくることもあります。各機関の権威を使い，常に何とかして福祉事務所職員の上に立とうとしているようです。

④親族・関係者との接触・面接拒否

Ａさんは関係機関と親族との接触に拒否感が強いため，親族に聞き取りを行い，実際には機関の間で共有されている内容についてもＡさんに伝えると攻撃的になるのでＡさんへの伝え方は難しいです。

⑤母親への対応

Ａさんは，特に母親に対する恨みの念が強く，母親に対して執拗に電話やSNSで子どもの頃の不満を訴えて「攻撃」するため，母親もひどく疲弊し体調を崩しています。

⑥福祉事務所職員への拒否

最近は査察指導員への拒否が強いため，ケースワーカーに同行しての訪問や面接ができなくなっています。

⑦面談の難しさ

虚偽の説明や申告漏れなどが多数あり，客観的事実を突きつけることで面談場面そのものが大荒れになってしまうこと，長女に矛先が向く可能性があることがあります。また，ケースワーカーの帰庁後に自傷行為や関係者への攻撃的言動がひどくなるので，必要な話に踏み込むことが難しい状況が続いています。

第２ 支援困難と考える状況，課題

Ａさんの精神障害やパーソナリティー障害は，本人の幼少期から見られています。両親の離婚や再婚もあり，それらの影響を受け本人と父，義母の関係をうまく築けなかったのではないかと思われます。また，Ａさんは繰り返される逸脱的行動と，その影響を受けて，周囲（家族・関係機関）との関係が悪化してしまうという負のスパイラルに陥っています。

また，Ａさんは長女にとって代わりのいない実母であることを考慮しても，Ａさんの言動は長女にとってマイナス面が大きい状況です。長女が何とか高校を卒業して，夢の実現に向かっていくためには，Ａさんとは距離を置かなければ，長女自身の人生を長女のために生きることができません。

1 Ａさん世帯の課題

Ａさん世帯の課題として，ケースワーカーは，次のようなＡさんの言動と認識にあると考えています。

・ 正確な理解・記憶・再現が難しく，Ａさんの考えにそぐわない言動をする他者を激しく攻撃します。
- 長女は劣った，弱い存在なので，自分が守らなければなりません。
- 友人・知人には「できる母親」であることを見せなければなりません。
- 「以前の職場から，今でも復帰を請われている」こと，更に資格を取得したいという意欲を持っていることをPRせずにいられません。
- 自傷行為を繰り返しますが，自傷行為自体が事実ではないこともあります。
- 計画的な家計管理は困難なため，家計は破たんしており，保護開始後も公共料金の滞納が増えています。

繰り返すリストカット，過量服薬，飲酒量の増加などによりＡさんの健康状態が悪化しています。長女が家を出るという選択は現実的になりつつあり，それに伴い生活費が減少する可能性が高くなっています。必要な支援・助言を受け入れず，経済状況が悪化するリスクも負っています。

2　Ａさんの影響による周囲への支障

長女は，困難な状況の中で意欲を失いつつあります。希望の進路もあったようですが，自暴自棄になっているのではないかと危惧しています。

地域住民から直接の苦情などが入っているわけではありませんが，Ａさんをめぐり救急要請や警察出動による騒動が繰り返されています。

Ａさんの実父は，Ａさんから「協力が足りない。幼い時にひどい仕打ちを受けた」と責められ続けていたことにより精神状態が悪化するとともに，実父の夫婦関係も悪化しています。もう少しＡさんと距離を置けると良いのですが，「捨てられた」と感じたＡさんが行動をエスカレートさせてしまうことの恐怖などから，言いなりになってしまっています。

ケースワーカーにも支障が生じています。宿直員を通じて自宅に関係機関から深夜や休日にも連絡が入るため大きな精神的負担となっています。定期訪問や必要な手続・申告もままならないため保護費の変更の計算など，最低限の事務処理にも支障が生じています。査察指導員も，Ａさんが査察指導員の受入れを拒否しているため，同行訪問などケースワーカーの直接フォローができない状態です。

3 支援困難な状況

ケースワーカーはＡさんと対立することを避けつつ，かつ言いなりにもならない適切な距離をはかりながら，何とかケースワーカー，査察指導員とＡさんとの間の援助関係を築きたいと考えています。

保護開始後の数年間は，訪問受入れも安定していたようです。アルバイトができていた時期もあり，現在よりもかなり体調が安定していたようです。前任のケースワーカーはＡさん世帯の２人目の担当でしたが，当時の記録には，Ａさんとの関係の悪さをうかがわせるような内容はなく，特にトラブルもなかったようです。

その後，長女がケガをして入院した頃から，自傷行為や被害妄想的な訴えが強まり始めています。初めて定期訪問日を変更したのもこの頃であり，Ａさん本人にとっても体調悪化のターニングポイントになったと考えられます。

この頃は医師も「就労困難」と判断していたため，福祉事務所としては就労支援の対象とはしていませんでした。しかし，「働いて生活保護から脱却したい」というＡさんの強い希望を受け，ハローワークからの求人情報のみ，就労支援員から郵送していました。

前任者が異動したことと，妄想が強く対応が難しいことがあるため，Ａさん世帯の初回訪問は２名で対応しました。初回訪問が平日の日中だったこともあり，長女は学校に行って不在でした。Ａさんには若干不安定な様子も見られましたが，言動に注意して慎重に対応したこともあり，訪問中のトラブルはありませんでした。

しかし，帰庁直後に「生活保護費の国庫負担率について虚偽の説明を受けた」と，Ａさんから苦情の電話が掛かってきました。初めは訪問した２人が攻撃の対象でしたが，電話中に内容がエスカレートし，「病気で働けない自分に対しての求職活動の強要」，「これまでの福祉事務所の対応」に対する苦情と謝罪要求へと発展しました。これらのＡさんの訴えは事実ではなく，到底認められる内容ではありませんでした。その後もＡさんの激しい謝罪要求と担当の交代要求が続きました。

第３　支援の内容

１　援助方針の策定

現状のままでは状況改善の見込みはないため，Ａさんの訴えを「客観的な事実」ではなく「本人が不快な気持ちを持っているという事実」という点に焦点を当て，３つの方針を立てました。

①　「不快な気持ち」に対して謝罪し，担当は交代すること
②　担当は新規採用のケースワーカーにするが，常に査察指導員がサポートすること
③　当面は援助関係形成を最優先すること

２　支援体制の変更

ケースワーカーは，新規採用後まだ日が浅く，職場に慣れるだけでも大変な時期に，Ａさん世帯の担当を引き継ぐことになりました。ケースワーカーも査察指導員も，Ａさんの状況を把握しきれない中での手探り状態での対応でした。しかし，関係性の構築を優先して無難な対応に終始していたため，数か月間は大きなトラブルにはなりませんでした。

その後，Ａさんの心身状況が更に悪化し，Ａさんからの様々な訴えへの対応に，ケースワーカーと査察指導員が忙殺されるようになりました。査察指導員からケースワーカーには，Ａさんにとってケースワーカーが味方だと認識してもらえるように対応することを指示して，ケースワーカーとの関係性は悪化させずに維持していました。

もちろん，Ａさんの要求を何でも受け入れることはできないため，Ａさんの立場からすれば不利益になるような内容の説明だったり，詳しい制度の説明が必要だったりする場合は，査察指導員が同行して対応しました。

3　長女へのアプローチとその後

支援体制変更後，何とか関係を断たれずに支援ができるようにはなりましたが，長女へのアプローチはまったくできていませんでした。本人との関係を少しずつ太くしながら，長女の進路や今後の課題に取り組めるよう，ルートを探ることにしました。

ケースワーカーは，長女が高校を卒業できるよう，学校訪問によるアセスメントを行いましたが，個人情報保護を理由にほとんど何も教えてもらうことができませんでした。

長女との直接面談の機会を作るべく調整しましたが，Ａさんが何かと理由をつけて，長女とケースワーカーを直接会わせようとしない状況が続きました。親権者であるＡさんの考えは尊重しなければならないとはいえ，Ａさんからの強いバイアスがかからない状態で，長女自身の考えを確かめようと試みました。ようやくＡさん同席での長女との面談機会が持てましたが，Ａさんが一方的に自分の考えを述べるばかりで，長女の希望と考えは確かめられませんでした。再度の面談設定を試みる間に，長女は高校退学の手続をしてしまいました。

高校を退学してしまった長女ですが，今後の方向性を長女と一緒に考えるためにもＡさんが同席しない面談設定を目指しました。

長女の今後の支援について検討を始めた矢先，長女が妊娠したことから入籍して結婚しました。そこで，それぞれの親族の協力を得て，長女夫婦がＡさんから身を隠して新たに過ごせる生活の場を確保することになりました。

長女夫婦に「失踪」されてしまったＡさんは，必死で長女夫婦を探し始めました。夜中に関係機関や親族宅に現れ，深夜まで玄関先から帰ろうとしないため警察が何時間も説得したこともありました。また，家事全般を行っていた長女が「失踪」したことで，家の中の生活環境が悪化しました。

その後，Ａさんは様々な自傷行為をエスカレートさせました。また，長女夫婦を探し出して道連れにするような脅迫的メッセージを発信し始めました。

ケースワーカーとしては，一人になってしまったＡさんの精神面について，これからどのように支援していけばよいか悩みました。

第4　振り返り

ケースワーカーには，新規採用で経験がない中で，かなりの負荷がかかってしまいました。しかし，「ケースワーカーは親族ではなくＡさん（と長女）を中心に支援する者であること」，「Ａさんが少しでも幸せに過ごすための方法」，「どうしてもＡさんを悪者にしてしまいがちになることに対する違和感」を考え続けていました。

1　精神障害がある利用者への対応

精神障害などの病状は，事務職中心の福祉事務所だけでは本人の行動や自傷行為のリスク判断が困難なため，主治医に加わってもらってのカンファレンスを行いました。主治医からは的確な助言がもらえただけでなく，「難しいケースであること」「支援者にもサポートが必要なこと」などの言葉もあり，対応の方向性が確認できただけでなく，気持ちの面でも楽になった部分があります。

精神障害がある利用者の場合，積極的に医師に関与を求めることが必要ですが，今回はもっと早く相談するべきでした。

2　ケースワーカーの役割と福祉事務所内での認識共有

新規採用のケースワーカーに，いきなり困難なケースを持たせてしまったことについては，やむを得ない事情があるとはいえ適切ではありません。再度の担当交代はできず，そのためケースワーカーがＡさんとの関係を切られないようにすることを最優先に，その後の役割分担を考えました。

ケースワーカーが「本人中心の視点」を再認識させてくれたことを忘れないよう，その後は「我々は本人の支援者であること」を繰り返し言葉にして福祉事務所内で伝えることを意識し続けました。そうしなければ，すぐに感情が表に出てしまい，支援の方向性を見失ってしまうくらいトラブルが続きました。

周囲を利用したり，虚勢を張ったりしなくても，「ありのままの本人自体が，かけがえのない存在である」ことに，Ａさんに少しでも気付いてほしいと願っていますが，未だにその糸口すら見つからない状況です。

第5　まとめ

すべてはＡさんとしては悪意がない行動かもしれず，Ａさんがアイデンティを守るために身に着けてきた「当然の」「やむを得ない」ふるまいかもしれません。しかし，周囲にとっては，激しい怒りをぶつけられたり，子どもの権利を著しく損なう行動をとってしまったりする，共感しがたい行動をとる存在であることも事実です。Ａさんの行動は社会規範からは逸脱していたと思います。しかし，本人にとっては悪意のない「正しい」ふるまいなので，ケースワーカーの説明や説得が届きません。

一方で，どれほど容認しがたい言動とはいえ，もう一言Ａさんの言い分を聞き，支援者が呼吸を整えるワンテンポを置くことができていれば結果が違ったのではないか，支援困難事例にしてしまったのは，査察指導員を中心にした支援者の側だったのではないかという気持ちはなくすことはできません。

そもそも，生活保護の業務量は非常に多く多忙を極めており，常に同時進行で複数ケースの課題について考えなければならず，ゆっくり落ち着いて考える時間がありません。また，多くのケースワーカーは体系的な知識も経験も不十分なままスタートしなければなりません。

ケースワーカーは生活保護法，実施要領を遵守した中で，利用者の支援を組み立てなければなりませんが，「せめてここだけは」ということが「できない」利用者も決して少なくありません。例えば，相手の理解力を考えながら，何度も繰り返して収入申告の必要性を伝えたにもかかわらず，翌年の課税調査で収入がありながら意図的な無申告が見つかり不正受給として法第78条を適用する際の虚しさ，更に相手がいつも攻撃的で，興奮してつかみかかってくるような人の場合，訪問前日から気が重くなります。

自分の判断が利用者の生活の質を大きく左右してしまうこと，目の前で次々に起こる出来事に対して，その場で判断を求められること，それがケースワーカーのやりがいであるとともに，苦しさでもあります。

また，ケースワーカー同様，査察指導員，管理職などの上司もまた，福祉未経験者であることのほうがむしろ普通の状態ではないでしょうか。そのことを踏まえて，元々上司自身が持ち合わせている価値観や「一般論」だけで判断せず，部下であるケースワーカーの話に耳を傾ける姿勢が必要だと考えています。小規模な福祉事務所では，職員が１人異動するだけでも非常に影響が大きく，また，査察指導員，管理職も生活保護以外の業務を多数抱えています。そのため，支援困難事例に行き詰まったケースワーカーの相談とフォローをタイムリーに行うことが困難な場面も珍しくないかもしれません。

Ａさんは，福祉事務所だけでは対応が困難なケースでした。福祉事務所内のチームだけでなく，多くの関係機関とＡさんの親族とも密接なやり取りをしながら支援することの大切さを教わりました。

事例6　当事者の考え，希望を聞き出すのが難しいひとり親世帯への支援

第1　事例の概要等

1　世帯の概要

Ａさん（50代女性・病気療養中）は，10代の子Ｂさんをもつひとり親世帯です。

Ｂさんは来春に高校卒業を控えていますが，単位不足や学費の滞納により卒業ができるかどうかが危ぶまれており，また卒業後の進路も決まっていません。ケースワーカーと母子・父子自立支援員（以下,「支援員」といいます。）でＢさんの卒業後を見据えた自立支援を試行錯誤しながら行っていますが，この世帯の考えがつかみきれず，具体的な進路も決まらないまま時間だけが過ぎていくことに，ケースワーカーも支援員も焦りを感じています。

2　Ａさんの生活歴

Ａさんは小・中学校と人付き合いが苦手で不登校の経験が長く，高校には進学しませんでした。文字の読み書きも難しく，当時の通信簿は５段階評価の「１か２しかなかった」とＡさんは振り返っています。結婚をしましたが，Ｂさんを出産した直後に離婚し，ひとり親家庭となりました。

Ａさんは幼い頃から病気がちで，成人してからも内科的疾患の療養に専念するため一度も就労したことがありません。

3　子Ｂさんの現状

Ｂさんの養育については近隣に住む親族の支援を受けながら行っていたため大きな問題はなかったのですが，Ｂさんも小・中学校とほとんど不登校でした。不登校の原因は定かではありませんが，完全に地域から孤立していたわけではなく，幼馴染みの友人たちとの交流はあったようです。

しかし，Ｂさんは中学卒業間近になって精神的な不調を訴えるようになり，精神科への通院を始め，現在も通院と服薬を継続しています。

Ｂさんの中学卒業後の進路については，不登校で学校の定期テストも受けていなかったため全日制高校への進学は困難と担任の先生に言われていました。しかし，Ｂさん自身は高校卒業の資格は欲しいと希望し，自分で通信制高校を選択しましたが，学費が高額なためケースワーカーへ費用をどのように捻出すればよいかＡさんから相談がありました。その後，ケースワーカーから支援員へ貸付けの相談を依頼し，母子福祉資金を借りて進学することができました。

高校進学後，Ｂさんは再び不登校となりましたが，友人らの力を借りながらどうにかレポート提出やスクーリング出席をこなしています。しかし，高校卒業に必要な単位数が不足しており３年間で卒業可能かどうかが危ぶまれています。さらに，学費の支払についてＡさんが母子福祉資金等を飲食費等で浪費してしまい滞納してしまったため，学費の工面も苦しいようです。

第２　支援困難と考える状況，課題

１　親子の相互依存とその関係性

親子２人がそろって面談ができるときが何度かあり，その際にケースワーカーがＢさんへ何か質問をしてもＢさんが答える前にＡさんが「それは○○だよね？」とＢさんの気持ちを代弁するように答えてしまう場面が多く見られました。このようなとき，ＢさんはＡさんの言ったことを否定することはないものの肯定することもないためＢさんの本心が分からないことが多いのです。

また，ＡさんはＢさんをケースワーカーや支援員に会わせることを拒むことが多く，特にＢさん単独でケースワーカーや支援員と面談を行うことは強く拒みます。どうにかＢさんとの面談の機会が設定できた時には必ずＡさんも同席していました。

こういった様子からケースワーカーと支援員は，Ａさんの言動はＢさんが本心を打ち明けることや，Ｂさん自身の意見を主張することを妨げており，お互いに依存し合っている関係性ができていると見立てを行いました。

Ａさんが小・中学校時代，不登校で成績が極めて低かったこと，平仮名や漢字を書くことが困難であること，手元にお金があると計画的に遣うことができず目先の食費のために大半を浪費してしまい必要な支払を滞納してしまうことは前述しましたが，これらのことに加えて，Ａさんとの会話からもケースワーカー，支援員ともにＡさんは知的障害が疑われるのではないかと考えています。

Ｂさんは不登校で基礎的な学力が身についているのかは疑問ですが，母子福祉資金制度や生活保護制度についての理解は十分できており，またお小遣いの範囲内でやりくりをすることもでき，友人らとの交流も頻繁にあるようで知的な能力にはあまり問題がないのではないかとケースワーカー，支援員ともに意見が一致しています。

2　子Ｂさん本人の考え，希望の聞き取りの難しさ

この課題がある中，ＡさんとＢさんはともに「高校を卒業できるのだろうか」という不安はあるようで，面談をする度に「今は高校を卒業することが目標」と２人揃って口にしています。しかし，高校卒業後について尋ねるとＡさんは「働くのかな？　けれどＢの体調も心配で今はよく分かんない」と言い，Ｂさんは「アルバイトとかしようかな」と言うものの，横からＡさんが「けど，今は体調のことがあるから分かんないよね」と割って入り，Ｂさんもそれを受けて「うーん，えへへ」と曖昧な返事をするのみで，具体的な考えや希望を聞き出すことができません。

ケースワーカーや支援員からすると，Ａさんたちは漠然とした目先の不安はあるものの日々の生活には特に困っておらず，母子での生活が成り立って

おり，またＢさんの学校生活も友人に恵まれて楽しい場所となっていて，現状は特に大きな不満がないのではないかと推測しました。

しかしケースワーカーや支援員としては，このまま高校を卒業できたとしても，その後の進路が決まっていないと，Ｂさんが自立できず貧困の再生産につながるのではないかと不安視していました。そしてＡさんたちの関係性や，やり取りから本人たちの意向や思い，本心が聞き出せず，時間ばかりが過ぎていくことに焦りも感じていました。

第3　支援の内容

1　子Ｂさんとの面談への働きかけ

新しい支援員が，Ａさんたちを担当し始める際，ケースワーカーとはＢさんが高校卒業後にアルバイトやボランティアなどを行い，社会とつながりを持ちながら自立をしていけるように支援をしていこうという方針を立てていました。ケースワーカーや前任の支援員はＡさんとは定期的に面談をしていましたがＢさんと会ったのは１回のみで，実態がつかめていませんでした。そのため，まずはＢさんと直接会ってみてから具体的な支援内容を検討しようとしたところ，２人の相互依存的な関係や知的な能力の差を感じとったのです。

Ｂさんの自立を支援していくとすると，このＡさん親子の関係性を少しずつ変えながらでないと，それぞれが望むことや思いが分からず，本当の自立につながらないと考え，Ｂさんと年齢の近い支援員が「お母さんとは別の話せる人」になって支援をしていこうということになりました。

まずはＢさんに実際に会ってみないと何も始まらないということで，支援員はＡさんに「高校での話や卒業後の話をＢさんとも直接話してみたいので，家庭訪問か福祉事務所への来所でＢさんにも会わせてもらえないか」と頼んでみました。何度か頼んでみてもＡさんは「Ｂは知らない人に会いたがらないから」「Ｂは体調が悪いから」「Ｂは外に出ることができないから」と訪問や来所を断ってきました。

2 福祉事務所との関係性

どうにかＢさんと会えないかと悩んでいた時に，Ａさんが急に体調を崩し，数か月の入院治療が必要な事態に陥りました。家に１人残されたＢさんですが身の回りのことは自分でできるため，定期的に親族が見守りを行うことで退院まで自宅で１人で過ごすことになりました。とはいえ，未成年が１人でいることも心配であったため，ケースワーカーと支援員で家庭訪問を行うことでＢさんと初めて会うことができたのです。

この面談を皮切りに，Ａさんが退院して自宅に戻ってきた後も何度か家庭訪問でＡさん親子と面談ができるようになりました。しかし，Ｂさんの気持ちや希望を聞くような質問や話題を持ち出すと，Ｂさんが答える前にＡさんが代わりに答えてしまうことが多かったため，どうにかＡさんがいる場ではなくＢさん単独で話をすることができないかと考え，Ｂさん１人で福祉事務所に来所できないか尋ねました。すると２人で顔を見合わせてＡさんが「行ける時には連絡する」と答え，具体的な約束を取り付けることはできずに終わってしまいました。

その後，Ａさんが来所して顔を合わせることはあるものの，Ｂさんの話を出すとさっきまで流暢に話していたのが急にしどろもどろになり，口数も少なく逃げるように帰っていくことが増えました。Ａさん自身の話をすることは問題なく，何か申請や相談をしたい時にはやり取りができますが，明らかにＢさんの話題や会うことを避けるようになり，ケースワーカーや支援員との面談回数は減り，Ａさんと福祉事務所の関係性がぎくしゃくしてしまい，Ｂさんの自立の話どころではなくなってしまいました。

そして，卒業後の進路について具体的な話ができないまま，Ｂさんは高校を卒業してしまったのです。

第4　振り返ってみて

支援方法や関係性についての考察

①　援助方針と利用者の不安

Aさん親子と何回か面談をしていくうちに，Bさんの本当の気持ちが聞けないのでは埒があかないので，Bさん単独で面談をしてBさんとの距離を縮めたいとケースワーカーと支援員は考えていました。しかし，結果的にこの方法を取ろうとしたことで，Aさんにとっては「自分の知らないところにBが行ってしまうのではないか，離れていってしまうのではないか」と不安を煽ってしまったのではないかと考えられました。

ケースワーカーや支援員としては，貧困の再生産を防ぎたい，Bさんには何らかの形で自立してもらいたいという思いがあり支援をしていましたが，Bさんが自立をするということはAさんとBさんの関係性が変わっていくことでもあります。良好な親子関係が築けていると，適当な時期に子が親から，親も子から自立していくことが自然とできますが，Aさん親子の場合は自立の前に関係性を変えるというハードルを乗り越えなければなりませんでした。

②　支援側の焦り

しかし，Aさん親子が長い時間かけて築いてきた関係は，なかなか変えることはできず，関係性を変えることは両者に精神的な負担がかかります。この部分を「卒業が目前に迫っていて方針を決めなければ」と焦ると，前述のようにAさんにとっては，漠然とBさんが離れていくという不安ばかりが湧き立ち，そのような不安に駆られたAさんが福祉事務所に対して不信感を抱き，Bさんを福祉事務所から遠ざけたいと思ってしまうのも当然です。

第5　まとめ

1　当事者の気持ちを把握する難しさ

今回，Aさん世帯について支援困難とした理由は，表面上は福祉事務所との関係性も良く，一定のコミュニケーションを取ることができるように見えますが，実際にケースワーカーが世帯について把握しているのは上辺だけであって，当事者の気持ちをつかみきれず支援方法を確立できないからでした。Ａさんに限らず，一見すると関係が良く問題が無さそうに感じるけれど，その人の生活の実態や人間関係，考えや希望を聞き出すことができないケースワーカーは多いのではないでしょうか。

2　支援のために必要な時間やタイミング

また，福祉事務所として自立を支援したい，自立してもらいたいというのは，その世帯のことを思ってということがもちろんありますが，「生活保護を受給している以上，自立をさせなければならない」という職場の雰囲気や上司からの指導を受けて，半ば強制的にタイミングや段階を踏まずに支援をせざるを得ないという場面もあるかと思います。支援の内容によっては，時間をかけて関係作りから始めるなど，いろいろな方法を支援者と対象者それぞれが試行錯誤していく必要があるものがあります。急いで物事に取り組むと，今回の事例のように支援が上手くいかなくなることもあり，支援のために必要な時間やタイミングを見計らうということが本当に重要だと実感しました。ケースワーカーの仕事は多岐にわたり，事務作業に追われて支援の時間が取りにくくなっているのは全国的にも同様だと思います。また，支援対象者の抱える課題が多様化かつ複雑化しており，一筋縄ではいかないものが多くなっていると感じます。的確なアセスメントを行い，良い支援を行うためには，もっと支援のための時間や支援者自身の余裕が必要です。

3　事例を通して

今回の事例では，母子の関係性を明らかにし，そこにアプローチをかけて，特にＢさんの自立を支援していくには，本来は年単位の時間が必要でした。ケースワーカーとしてももっと早く動き出すべきものでしたし，そのための時間も必要だと痛感した事例でした。

知的障害を持つ人の地域生活を支えるための支援

第1　事例の概要等

1　世帯の概要

知的障害があるＡさん（40歳代）は，当初母と２人でアパート生活をしていました。Ａさん世帯は，生活保護費とＡさんの障害年金，母のパート収入で生活していました。

Ａさんは，毎回，年金支給日から数日の間に飲食や遊興費で自分の年金を使い果たし，母にお金を無心します。お金が手に入らないと，母に暴言や暴力を振るいます。Ａさんの暴力で母は，怪我をすることもありました。

Ａさんの浪費による生活費の不足が原因で母は満足に食事ができず，持病は悪化していきました。生活も苦しく，Ａさんの暴力にも耐えきれなくなり母はケースワーカーに相談し世帯から転出することにしました。世帯から転出した母は，食べることにも困らなくなり，持病も回復し始めていました。

世帯から転出した母は，Ａさんが誰かに迷惑を掛けていないかだけをいつも気にかけています。母は，Ａさんの身元引受人にはなってくれますが，金銭の無心による暴言や暴力の危険があるため，Ａさんと会うことも連絡を取ることもしません。Ａさんが亡くなったとしても，連絡は必要ないとまで言っています。また，Ａさん世帯は，親戚とも全く付き合いがありません。Ａさんが起こすトラブルにより散々迷惑を被ってきたとの理由から，親戚はＡさん世帯との付き合いを拒否していました。Ａさんが単身世帯となってから，方々の親戚へ連絡してみましたが，協力はできないとの返答ばかりです。Ａさんに対し，親戚からの応援は全くない状態でした。

①　Ａさん単身世帯への地域住民からの困りごと相談

Ａさんが一人で生活するようになってから，地域住民からＡさんに対する次のような困りごとの相談が多くなりました。

・ゴミ関連の問題

「ゴミの分別ができていない」，「地域外でゴミを捨てている」

「当番制であるゴミ収集用コンテナの設置やコンテナの片づけができない」

・アパートでの単身生活における問題

「アパートの共有部分に物やゴミを置くため悪臭がする」

「アパートで禁止されている動物の飼育をしている」，「家賃を滞納している」

「アパートをたまり場として騒いでいる」

・金銭の問題

「ツケ払いを支払わない」，「盗んだ（と思われる）野菜を売っている」

「借りたお金を返さない」，「お金を盗まれた」，「Ａさんにだまされた」，

「貸した携帯電話の利用料が高額な請求額になっていて困っている」

・その他，生活上の問題

「知人の留守宅に断りもなく出入りする」，「Ａさん宅に複数の人が出入りするため，騒がしい」，「Ａさん宅に頻繁に警察が来るので住民が不安になる」，「自作の美術品を売っている」，「水商売に関するチラシを配っている」，「タバコのポイ捨てがあり火事が心配だ」

これらについて，地域住民や不動産，商店から入れ替わり立ち代わり何とかしてほしいとケースワーカーに連絡がきます。ケースワーカーに相談しても改善に至らないことへの怒りと，Ａさんに対する不安からケースワーカーが地域住民に囲まれ怒鳴られることもありました。今まで，このような相談が地域住民から入ってこなかったのは，Ａさんの母が一人で問題に対処していたからであり，Ａさんの母の苦労を理解する機会となりました。

2　ケースワーカーが感じるＡさんについての困りごと

①　困りごとに対する地域住民・ケースワーカーとＡさんとの間の理解の差

ケースワーカーは，Ａさんに地域住民の困り感を伝えてきました。Ａさん自身は，何でも「対処（状況に合わせて適当な処置）ができている」と思っていたように思われます。ケースワーカーが地域住民の困りごとに対するＡさんの改善状況を確認してみても，確かに行動はしていました。しかし，地域住民やケースワーカーが求める「対処できている」とは明らかに違っていたのです。Ａさんが考える「対処できている」とケースワーカーが求める「対処できている」には大きな差がありました。Ａさんには地域住民が求める「対処」を理解し行動に移すことが難かったのです。地域住民の求める「対処」を目指し，Ａさんの「対処できていない」部分を補えるように，ケースワーカーはＡさんに地域住民の困り感について繰り返しわかりやすく説明を行いました。その上で，地域の一員として生活していくために，障害者サービスの利用を提案しました。Ａさんは，サービス利用に了解してくれましたが，サービスの当日，急に外出するなど無断でキャンセルしていました。そのため，サービスの定着は難しくなかなか生活の改善には至りません。よって，地域住民からの困りごと相談は減ることはなく，改善がないことでむしろ増えていきました。

②　幅広い交友関係から生じるトラブル

Ａさんは，優しく，親切で人懐っこく楽しい人です。その人懐っこさで交友関係の幅が広がり，様々な経験を積んできたと思われます。一見，何でもそつなくこなしているように見えるため，地域住民からすると，知的に障害があるとは思われないのかもしれません。そのため，Ａさんにお金や携帯電話を貸してくれる地域住民がたくさんいました。「借りたお金の返済」や「ツケ払い」については，「市役所のケースワーカーの○○さんに言ってください」とＡさんが相手に言うため，市役所が関わっていることへの安心感なのか貸してしまっていたようです。何も知らされていないケースワーカーは，見知らぬ人からお金を返してほしいと言われたり，「Ａさんに貸した携帯電話の利用料が高額な請求額になっているので何とかしてほしい」などの相談を受けることになります。ときには，返済してもらえないことに対し，ケースワーカーに怒りをぶつけてくる住民もいました。

幅広い交友関係によりＡさんは，誘われれば，優先しなければならない支払いがあっても遊びに行き，食事をおごるなどして障害年金を数日で全額消費することは，母と別居しても続きました。不足した生活費を補うため，「家賃の支払をしない」，「ツケ払い」，「ツケ払いを支払わない」，「畑から盗んだ（と思われる）野菜の販売」，「知人への借金」，「盗み」をしていました。

Ａさん世帯には，家出して来た遊び友だちが入れ代わり立ち代わり寝泊まりします。ケースワーカーが訪問すると，たいてい見知らぬ人がいました。遊び友だちは自宅にいるかのようにＡさん宅で生活していたため，遊び友達の生活費がＡさんの生活費を圧迫することにもなっていたのです。人が増えただけ，ゴミも増え，手狭になった分だけ荷物をアパートの共有部分に置いていました。ときには，楽しく過ごしてしまい，どうしても騒がしくなってしまいます。気分が高揚した友だちがＡさんの隣家に迷惑行為をし，隣家から通報され警察が出動しています。その他，自作の美術品販売をめぐり，共同制作していた友だちとの暴力トラブルや友だち間における「盗った，盗られた」というトラブルで，Ａさん自身が通報するため警察の出動も多々ありました。

結果，「家賃を滞納する」，「ツケ払いを支払わない」，「ゴミの分別ができていない」，「アパートの共有部分に物やゴミを置くため通行の妨げになったり悪臭がする」，「Ａさん宅に複数の人が出入りするため，騒がしい」，「Ａさん宅に頻繁に警察が来るので住民が不安になる」，となり，地域住民や不動産，商店の困りごとはいっこうに解決されない状況でした。

第２　支援困難と考える状況，課題

1　困りごとに対する地域住民とＡさんの認識の差

Ａさんは，地域生活における様々なルールを理解することが難しかったようです。ケースワーカーは地域生活の継続を希望するＡさんには，何度も地域住民の困り感について説明し，一緒に解決していこうと伝えていました。Ａさんが対処できないとき，ケースワーカーが代行したこともありました。そのためＡさんには障害者支援のサービス利用を提案し続けましたが，Ａさんからはサービス利用の必要性についての理解が得られず，地域の困りごとにも対応できずじまいでした。地域住民は，Ａさんに地域の一員として活躍してほしいと期待していましたが，その期待が裏切られるため，Ａさんが「対処できないこと」を地域住民がフォローしてくれました。しかし，フォローは増えるばかりで，Ａさんの行動改善はなくフォローしている側は辛くなってくるのだと思います。

また，Ａさんは，昔，Ａさんを注意した人に逆上し重大な迷惑行為をしたことがありました。そのため，地域住民は，Ａさんに対して恐怖心があり，Ａさん本人に苦情を言うことができないと言っていました。そのこともあって地域住民は，表面的にはＡさんに優しく接してくれていました。優しく接してもらっていたため，Ａさんに地域住民からの苦情をどんなに説明しても，Ａさんには信じてもらえませんでした。

2　在宅生活の希望と地域住民からの理解

一向に生活改善がなされないため，地域住民からは，施設入所の対応を求められるようになってしまいました。しかし，Ａさんは施設入所を希望せず，現住居で生活したいと強く希望し続けます。

ケースワーカーは，Ａさんの現住居で生活したいという希望を叶えたいと思っていましたが，叶えるためのサービス利用を受け入れないＡさんと，状況が改善しないことに苛立つ地域住民の間に挟まれていました。また，Ａさんと地域住民の納得のいく結果にたどり着けないことに難しさを感じていました。

ルールを理解できないＡさんに対し，地域住民と同じようにルールを守ることを求めると「対処できていない」ことだけに目が行き，問題として取り上げたくなります。Ａさんが対処できないときは，ケースワーカーが代わりにしたこともあります。しかし，地域住民はケースワーカーが代行するのではなく，Ａさんにしてほしいと強く言われました。理解が難しい状態でのＡさんの地域生活であることを地域住民にどうしたら理解してもらえるのか悩ましかったです。

第3　支援の内容

1　在宅生活の支援

これまでのケースワーカーの経験では，多くの施設利用者が「家で生活したい」と言っているのを聞いてきました。施設は他人との生活であるため，気を遣います。自由にならないことも多々あります。年を取って体が不自由になっても，自由が利く自宅での生活を望むことはごく当たり前のことと思います。そのことからも可能な限り「在宅での生活」を続けられるよう心掛けてきました。

また，限界までサービスを利用しながら在宅で生活してもらえるよう，「何を利用したら在宅生活が継続できるか」，「健康状態に問題はないか」という視点をもつようにしています。限界まで頑張って日常的に支援を要する状態になり，本人が希望した場合は施設利用も致し方ないと思っています。

Ａさんの場合も同じで，ケースワーカーとして本人が望む在宅生活を支援してきました。

2　支援者の連携と役割分担

Ａさんがこの先も在宅生活を続けるためには，まず地域住民との関係を円滑にする必要があります。

さいわい，Ａさんには福祉関係者による支援者が多くいました。Ａさんに関する困りごと相談は，福祉事務所だけでなく他の支援者にも連絡が入っていたため，ケースワーカーだけで問題を抱えることはなく，連携し役割分担ができていました。

Ａさんの性格や生活歴からも，施設入所が難しいことを理解していた支援者チームとしては，Ａさんの地域生活を継続させたいという目標がありました。Ａさんが地域から追い出されないように，地域住民からのＡさんに対する困りごとに対し，できるだけの対応を行うため，支援者である誰かが交代で毎日Ａさん宅を訪問しています。Ａさん宅を訪問することは，地域任せにしていないことと支援者がいる安心感を持てるようにとの地域住民への配慮です。地域からの苦情が入った事柄については，できるだけ，Ａさんと一緒に対処するようにしました。

3　成年後見制度の活用

お金の管理については，日常生活自立支援事業を利用していましたが，Ａさんが必要のない物を売りつけられ請求される事案が多かったため，取消権のある成年後見制度の活用を検討しました。申立てはＡさんの母が行ってほしいとの所管課からの指示でしたが，母の改善していた体調が急に悪化したため，母は，書類が書けない状況でした。そのためケースワーカーがＡさんに助言しながら，Ａさんと一緒に申立書を作成し家庭裁判所へ提出しました。成年後見制度を利用するようになってからは，家賃や公共料金の滞納，ツケ払いを支払わない件については解消されました。また，Ａさんの借金の額はあいまいでした。そのため，不当に請求されている心配もしていました。成年後見制度で選任された保佐人からの助言で，成年後見制度を利用していることをＡさんの知人に周知したところ，Ａさんに対して不当にお金を請求されることもなくなりました。

第4　振り返ってみて

Ａさんの在宅で生活したいという希望を叶えるため，Ａさんの地域生活における不備な部分を補い，かつ地域住民のＡさんに対する困りごとに対応するため，様々なサービス利用を検討し利用してきました。しかし，Ａさんはサービス利用を好みませんでした。

1　地域生活のための支援

また，支援者全員が地域生活を継続させたいという目標で支援してきました。Ａさんが地域から追い出されないよう，地域住民からのＡさんに対する困りごとに対し，支援者チームはできるだけの対応を行ってきたと思います。ですが，Ａさんは，次から次へと予想もしていないような問題を起こしてきました。ついに地域住民から地域から出ていくようにと言われてしまったことは，とても残念です。Ａさんは，アパートからも地域からも追い出されることとなり，Ａさんが望まない施設利用となってしまいました。施設入所後も，地域で起こしてきたような問題が起きています。

2　問題行動から本当の気持ちや想いを読み取る

Ａさんの主治医から，問題と思う行動から気持ちを読み取ることの大切さを教えられました。振り返ってみると，Ａさんの「話（想い）を聞く」ことだけに一生懸命になり，Ａさんの問題と思う行動から本当の気持ちや想いを読み取ることができていなかったのかもしれません。その時，Ａさんの行動から本当の気持ちや想いを読み取ることができていれば，別の支援方法が見つかったかもしれません。また，言葉や行動，様々な場面から本当の想いを察して，本人が望む支援をすることの難しさを感じています。もしかすると，Ａさんには地域生活における別の想いがあったかもしれません。

3　地域住民の「障害への理解」と「協力要請」

Ａさんの支援をする中での反省点として，Ａさんだけに限らず，障害のある方が単身で地域生活をする際には，地域住民に「障害の理解」と「協力要請」しておく必要があったのかもしれません。今思うと，地域住民に対する配慮や考えが至ってなかったのでしょう。誰がどこで生活するかは本人の自由であり，障害の有無については知らせる必要などないと思っていました。Ａさんの度重なる生活上の問題は，地域住民にとってはとても不安なことでした。地域住民から，「ケースワーカーの自宅の隣に住まわせろ」と言われた時は，正直，困るという気持ちでした。

4　地域住民との折り合い

Ａさんの地域生活と地域住民の折り合いをつけることが難しかったです。ここで「解決」したと言えるのは，地域住民が望んだＡさんの施設入所くらいでしょうか。Ａさんが地域からいなくなり数年が経過しますが，地域住民からはＡさんが地域へ戻って来ては困ると未だに言われます。Ａさんが元の場所で生活することはもう難しいのかもしれません。将来，Ａさんが地域で生活できるようになった場合，この経験を生かし地域住民へＡさんの障害について理解してもらうこと，そして，支援者の関わりがあることを説明し，生活上のお手伝いに協力をお願いできたらと思っています。

第５　まとめ

Ａさんの障害について，地域住民の理解がない中，本人が「できる」以上のものを地域住民が求めてしまうため，ケースワーカーがいつもトラブル対応に追われていました。対処しても，ケースワーカーなどの支援者の頑張りがＡさんや地域住民に理解してもらえないことは辛かったです。

Ａさんが支援を受け入れないのは，「信頼関係」ができていないからではと思われる方も多いと思います。しかし，「信頼関係」を築くため，Ａさんの話に耳を傾け，Ａさんを信じ，できないことを強要せず代わりになる，時には言いたくないことも言ってきました。Ａさんに関わってきた時間は，どの利用者よりも多かったと思います。Ａさんが自ら片付けをしたいと言ったことがあり，支援者総動員で，Ａさん宅の片付けをしました。Ａさんと一緒に活動できたことは，楽しくもありました。

支援がうまくいっているから「信頼関係」ができているとも思いません。嫌と言えないだけかもしれません。自己満足の支援にだけはならないように気を付けていましたが，今，思うと地域住民への対応に一生懸命になっていたような気もします。

担当が外れた今でも，Ａさんは，時々，電話での近況報告や面会に来庁します。「あの頃は，ご迷惑をお掛けしました」とも言ってくれます。今でも，いろんなトラブルがあると聞いているので本心かなと思うこともありますが，連絡をくれ，私を忘れずにいてくれることは，嬉しく思っています。

他者の力を借りながら生活していくことも自立だと考えます。しかし，上手に他者の力を借りることができない人の自立をどのように支援していったら良かったのでしょうか。今も良く考えることがあるケースです。

ケースワーカーの経験の少なさから生じる支援の困難

第1　事例の概要等

1　世帯の概要等

Ａさん世帯は，40代女性の世帯主ＡさんとＡさんの子ども３人（高校生の長男，中学生の二男，小学生の長女）の４人世帯です。保護費は銀行口座への振込み支給ではなく，福祉事務所窓口での現金支給となっていました。

前任のケースワーカーによるとＡさん世帯について，Ａさんは疾患で働くことが難しくなり５年前から生活保護を利用しているが，その後，現在まで何かと理由をつけては働かないこと，さらには時折パチンコ屋に並んでいる姿を見る，とのことでした。二男は小学生の頃から不登校気味で，中学校は入学式に行っただけとなっていましたが，長男と長女はそれぞれ学校に問題なく通学している，とのことでした。また，Ａさんは，保護開始後も家賃を滞納したことから，家賃は代理納付を行っていることや家が「ごみ屋敷」状態であること，家庭訪問をしてもなかなか会えないこと等が伝えられました。

Ａさんの母はＡさんが幼少時に失踪し，Ａさんは父に男手一つで育てられたそうです。父は仕事の関係でＡさんが子どもの頃は，ほとんど家にいることはなく，60歳を過ぎて障害を持つこととなり，今は別の地域で生活保護を利用しています。

2　初めての面談と家庭訪問

担当となった４月の保護費支給日に，ケースワーカーは初めてＡさんと会いました。月に１回の支給日はその受取りのためや各種相談に訪れた生活保護利用者で福祉事務所は大変混雑します。職員の人事異動があった４月初めは特に混雑と混乱が激しいのですが，その長蛇の列の中に春休み中の長女を連れてＡさんは並んでいました。

ケースワーカーはＡさんに担当交代の挨拶をしました。目を合わせることなく，ボソボソと申し訳なさそうに話すＡさんは，前任のケースワーカーから聞いていたような「だらしのないような人」には見えず，「ごく普通の人」という印象を受けました。

ケースワーカーが簡単な挨拶を済ませ，後日，家庭訪問することをＡさんと約束しました。

ケースワーカーは約束した日時に初めて家庭訪問を行いました。Ａさん宅は足の踏み場もないほど荷物であふれており，玄関を上がった50センチ四方程だけが床が見える状態で，Ａさんがせっせと片付けをしていました（玄関外の共用廊下には子どもたちの学校のものと思われる朝顔の植木鉢のほか，自宅から出したと思われるごみ袋が３～４袋積まれていました。）。

Ａさんは部屋が片付いていないことを「申し訳ない」としきりに謝っており，奥の部屋のうず高く積まれた荷物の中から，テレビゲームをしていた二男が出てきて挨拶を交わしました。

第２ 支援困難と考える状況，課題

１ 支援困難な状況

Ａさん世帯には多くの課題が見て取れました。一つには床が見えないほどの物で覆われた自宅の状況です。室内は大量の衣類やチラシ，文房具・食器などの雑貨が積み上がり，室内を移動するにはそれらの物を踏みつけて歩くほかにありませんでした。

また，疾患で働けないというＡさんでしたが，その治療はいったん終了し，ここ１年ほど定期通院はしていませんでした。

不登校の二男のことも心配でした。不登校の理由はいじめや人間関係ではない，とＡさんは言いますが，不登校となった詳しい理由や原因は母親であるＡさんにも分からないようでした。

中学校に入学したばかりの生徒が通学しない状況を見て，通学先の教師も何度か家庭訪問したようですが，二男はおろかＡさんにも会えていないということが，後日，学校へ連絡したことで判明しました。

自宅が片付かないＡさんはその状況を恥ずかしいと思っているようでしたが，その片付けを福祉事務所に手伝ってもらうことはかたくなに拒否していました。居室外まであふれる荷物のせいで，アパート内では付き合いもなく，孤立しているようでした。近隣住人からＡさんの荷物に迷惑している，と苦情が福祉事務所にくることもありました。

また，Ａさんは定期通院をしていないことで「就労阻害要因なし」と前任のケースワーカーは判断して就労指導を行っていましたが，はかどりませんでした。そればかりかパチンコ屋に並んでいる姿を職員から目撃されるなど，求職に対して熱心な様子は見られませんでした。

生活保護では稼働収入があると，その収入から勤労控除を差し引いて算定され生活保護費が支給されることになります。つまり，収入があると生活保護費は減額にはなりますが，勤労控除があるため，働いているときの方が総収入は増えることになります。

しかし，Ａさんは働いていませんでしたので，経済的には「最低生活費」での生活しかできていないという課題がありました。

また，生活保護の要件に「能力活用」があり，稼働能力を活用することが求められますが，Ａさんがその能力を活用しているかどうかは判断できない状態が続いていました（傷病や障害，子の養育などから「稼働能力の活用は困難」と判断されることもありますが，家を空けパチンコ屋に行き，定期通院や障害者手帳のないＡさんには「困難」と言えるだけの判断材料がありませんでした。）。

2　ケースワーカーから見た課題

このような中，稼働年齢層で通院もしていないＡさんへの就労指導が必要だとケースワーカーも考えました。さらに前任のケースワーカーからは「親が働く姿を見せないと子どもが不幸になる」「『働かなくてもいい』と子どもが誤解し，生活保護の連鎖にもつながる」と言われたため，子どもたちのためにも親であるＡさんには働いてもらわなければいけない，という思いを強くしました。

また，不登校の二男が荷物に埋もれた環境で昼夜逆転の生活をしているとも聞き，適切な養育環境ではないと考え，また，保護者であるＡさんと二男に会えない通学先の教員たちも困っていました。

第３　支援の内容

1　当初の支援方針とその経過

ケースワーカーは，Ａさん世帯へどういう支援をすべきか分からないでいましたが，初回訪問時に前任のケースワーカーがＡさんと約束をした「Ａさんの求職活動状況」と「自宅の荷物の片付け状況」を確認させてもらうこととしました。

具体的には，毎月の保護費支給時にＡさんより毎月「求職活動状況報告書」を提出してもらい，Ａさんの求職活動状況や体調の確認を面談で行いました。

また，その面談時に家庭訪問の日時の約束をし，その家庭訪問で自宅の荷物の片付け状況を確認させてもらうこととしました。

2　不登校の子への支援

①　児童相談所が同行しての家庭訪問

５月下旬，不登校の二男について児童相談所から福祉事務所へ初めて連絡がありました。それは児童相談所の行うＡさん宅の家庭訪問にケースワーカーも同行してほしいというものでした。それまで児童相談所や学校が家庭訪問しても保護者であるＡさんと会うことができないでいるため，ネグレクト（育児放棄）等の虐待疑いから児童本人（二男）と，その保護者との面談の実現に協力してほしいということでした。これまでＡさん世帯について学校や児童相談所から連絡があったことはなかったようです

ケースワーカーは保護費の受取りに来所したＡさんに，児童相談所との同行訪問について説明したところＡさんは戸惑った様子でしたが了解し，後日，約束した日時に児童相談所職員と共に家庭訪問を行いました。

児童相談所の職員は荷物であふれたＡさん宅の状況に驚いていましたが，Ａさんや二男との面談が実現し，中学校に通学せずにいる二男のことを心配していること，通学先以外でも不登校児向けの適応指導教室があること，心配なことがあれば何でも相談に乗ること，などをＡさんと二男へ伝え，その後も児童相談所との家庭訪問を毎月行いました。

Ａさんも二男も家庭訪問を拒否することはありませんでしたが，二男からの言葉は少なく，「学校に行きたい」もしくは「行きたくない」などの明確な返事はなく，後日Ａさんにだけ福祉事務所に来てもらい，二男の様子や意向を確認するということを続けました。

家庭訪問を重ね，夏休みが明けても二男の状況は変わらず，Ａさんも「仕事を探している」とは言いながらも働くことはありませんでした。面談と家庭訪問を続けましたが，Ａさんからは決まって「体調が悪かった」「友人の見舞いに行って時間がなかった」「すみません」と弁明と謝罪があるばかりで，求職活動も自宅の片付けも二男の不登校も何も変わりがない状況にケースワーカーは苛立ちを募らせていました。

②　児童相談所職員からの無配慮な言葉

その頃，一緒に訪問を重ねていた児童相談所職員より「こんなごみの中に埋もれていて何がいいんだ！」「汚れてもいいように作業着で訪問に来た」などの無配慮な言葉が二男へ浴びせられました。ケースワーカーはこの言葉が二男を傷つけてしまったのではないかと大変驚きました。毎月訪問をしてもケースワーカーとは挨拶程度しか交わさない二男でしたが，自分の住んでいる家を「ごみの中」と形容されてしまうことが中学生である二男を傷つけてしまったのではないかと大変心配になったのです。

また，毎月家庭訪問で二男へ声掛けを重ねてきたのは，二男の心を解きほぐすためで，それは児童相談所とも意見が一致しているものだと思っていました。児童相談所職員による強引で高圧的とも思えるこのセリフでは，二男が心を閉ざしてしまうのではないかとケースワーカーはショックを受けました。

③　適応指導教室の見学と通学先への対応

ところがその直後，「ケースワーカーと一緒であれば不登校児向けの適応指導教室へ見学に行ってもいい」と二男が言っているとＡさんから話があり，ケースワーカーはＡさんと二男と３人で適応指導教室へ見学に行きました。

半日掛かりで見学をし，ケースワーカーは二男が適応指導教室に通ってくれること，もしくは不登校が解決することを期待しましたが，その後も二男の状況は変わらず，家でゲームをしている生活が続きました。また，通学先の中学校からは二男の教材費が未納であり，その代理支払をしてほしいと福祉事務所へ連絡があったため，ケースワーカーはＡさんからその代金を預かり，集金に訪れた副校長へ支払いました。通学に必要な費用を支払わないＡさんについて，それはケースワーカーとしての指導が足りない，自分の力不足を責められているようにケースワーカーは感じる一方で，ケースワーカーは「自分で支払うべきなのに，なんてだらしない人だ」とＡさんを軽蔑するような思いに変え，気持ちを保っていました。

児童相談所は荷物であふれたＡさん宅の状況を不適切な養育環境，ネグレクトと判断し，子どもたちの施設入所・一時保護も検討しましたが，当人である二男・長女が泣いて拒否したため，保護には至りませんでした。

3　支援する中での気づき（支援方針の転換）

①　「指導」を重ねても変わらない状況

家庭訪問を重ねるうち従来の支援方針である就労指導と自宅片付け指導では，Ａさんや二男との面談に支障が出てしまうことにケースワーカーは気がつきました。Ａさん世帯の課題はいくつもありますが，Ａさんへ「働いてください」や「片付けなさい」と言うだけでは状況は何も変わらず，毎月同じやりとりを繰り返すだけだったからです。

まず就労指導の一環として，毎月の「求職活動状況報告書」でＡさんの求職状況確認を行いましたが，Ａさんから提出されたものは「求人誌を見た」「電話をかけた」「体調不良だった」などばかりで，Ａさんの求職への熱心さは感じることができませんでした。これに対し，「Ａさんのやる気が見られない」「ハローワークへの相談や面接に応募するよう強くＡさんに働きかけるように」とケースワーカーは査察指導員から注意を受けましたが，それをＡさんへ何度伝えようとも状況に変化は見られず，ケースワーカー自身が苛立ち，査察指導員からケースワーカー自身が責められているように感じました。

自宅の片付け指導についても同様で，毎月の面談と訪問を重ねても一向に変化が見られず，面談の度にそれを問い詰めても，言い訳のようにも聞こえるＡさんからの返答（「忙しかった」「体調不良だった」「一度は片付けたが，また元に戻ってしまった」等）にケースワーカーは苛立ちを募らせました。

そして指導を重ねるばかりでは状況が変わらず，また，「働いてください」「部屋を片付けてください」と指導を重ねながら同時に二男の不登校について話し合うことがケースワーカーにはできなくなってきました。

それは，一方では生活保護の要件として「能力活用」「就労」を求め，さらに道徳・倫理的に「ごみ屋敷は不適切」と指導をしながら，二男の不登校について「一緒に解決する姿勢」を見せることは困難に感じたからです。

②　本人たちの困りごとを一緒に解決するという姿勢に転換

そのため，支援に当たっては，Ａさんへの就労指導よりもまずは二男の不登校の支援と養育環境の整備を行うべきと考えを改めました。そのためには，Ａさんたちへ「働いてください」や「片付けなさい」と指導を重ねるのではなく，Ａさんたちの困っていることを一緒に解決するような姿勢を見せることが大事だと考えました。

なぜなら，そもそも福祉事務所が課題として捉えていた「ごみ屋敷」や

「不登校」をＡさんたち自身も解消したいこととして捉えていたようですし，さらにそれをどう解決すればいいのか分からないようだったからです。

そのため，Ａさんにはまず仕事よりも自宅内を片付けることや二男の不登校について考えてみませんかと提案し，二男には家庭訪問で挨拶する以外にも福祉事務所に来てもらって挨拶・面談を行う，ということを始めました。

4　支援の経過と担当ケースワーカーの変更

①　２年間の継続的な支援

二男・長女への支援を行いながら，ケースワーカーは児童相談所と共にＡさん世帯の様子を見守ることを続けました。毎月の面談や家庭訪問でＡさんや子どもたちへの声掛けを重ねて，定期的な声掛けにより状況が好転することをケースワーカーは期待しました。しかし，その後も目に見える変化はなく，ケースワーカーとしては自分の支援がはたしてこれでよかったのかと思い悩みながら時間が経過しました。

そして二男の不登校も自宅の片付けもＡさんの就労も何も進展が見られないまま２年が経過し，そのまま担当ケースワーカーの変更となりました。

②　ケースワーカーの思い・悩み

ケースワーカーは２年間，毎月の家庭訪問と福祉事務所での面談を重ね，それでも何も変わらなかったことに徒労感を感じていました。毎月の面談・訪問を続けても「就労を開始した」「不登校が解消された」などという目に見える効果を上げることができず，自分のしていることがはたして意味があったのかさえ分からなくなっていました。

そこで，支援方針を転換し，二男との面談で心を解きほぐすことや関係性の構築を試みましたが，いざ面談となると不登校の中学生と何を話したらよいか分からず，面談は毎月数分しか間が持ちませんでした。また，それに対して査察指導員や先輩ケースワーカーからのアドバイスは何も受けられず，自分のしてきたことが正しかったのか，間違っていたのか，またはどうすべきだったのかのいずれもが分からず，大きく悩み，つらい気持ちで担当ケースワーカーの交代を迎えました。

③　担当ケースワーカー変更後の経過

しかし，ケースワーカーが変更となり，二男が中学３年生となった冬のことです。二男自らが高校に行きたいと言い出し，その後，二男は不登校のままではありましたが，高校中途退学者・中学不登校者向けに開校した小論文と面接での入学試験のみの高校に進学することができました。

第４　振り返り

１　支援当初

前任のケースワーカーから引き継いだ支援方針は，毎月の窓口支給面談時の就労指導と自宅の片付けの指導でした。さらに「Ａさんはいいかげんでだらしない人」等と聞いていたため，「自分が指導して改善させなければいけない！」と身構えての担当変更でした。

毎月多くの人が来所する保護費の支給日の面談，月に１～２度の家庭訪問で求職活動や自宅片付けの指導を重ねることは，ケースワーカーにとって大きなストレスになりました。

90世帯以上を担当している中，時間を作って話し合いを重ねても進展が見られず，また，適応指導教室見学後も二男の学校や同施設との連携は一切なく，毎月共に訪問していた児童相談所職員から発せられた二男への思慮を欠いた言葉などでケースワーカーとして孤立感を感じていました。

また，当初は指導を重ねることで「だらしない」Ａさんを「働かせる」「自宅を片付けさせる」ことの実現を目指していましたが，指導を重ねても改善が見られない中でケースワーカーは感情的にイライラしてしまいました。Ａさんからすると，経済給付が関係するケースワーカーからの言葉に反論することは難しく，本音を言うことは難しかったのかもしれません。

自宅を片付けないことや不登校は保護の要件に抵触することはないため，保護の停廃止はあり得ませんが，保護利用当事者であるＡさんとしては福祉事務所に生殺与奪の権を握られている，ケースワーカーの言うことには従わなくてはいけないという思いがあったのかもしれません。通学先や児童相談所が実現できなかったＡさんとの面談を，福祉事務所がすぐに実現できたのは，Ａさんに「福祉事務所の言うことをきかないと保護を打ち切られてしまう」という心配があったのかもしれません。訪問面談が実現できたこととＡさんの本音が聞けたかどうか分からないということは，ケースワーカーの持つ権力性を表しているものかもしれません。

2 支援方針の転換と考察

① 支援方針の転換

この事例に当たっては，当初の支援方針としていた「Ａさんの就労」「自宅の片付け」から「子どもたちの健全な養育・育成」に自然と方針転換していました。

小中学生の子どものいる家庭に対し，就労指導に従わないことを理由としての保護の停廃止があってはなりませんし，Ａさん世帯の抱えた「不登校」「ごみ屋敷」という課題が法27条文書指示や保護の停廃止で解決するものではありません。

「保護を打ち切られる心配があるから不登校やゴミ屋敷を改善しなければ」と保護利用当事者が思うことはあるかもしれませんが，指導指示に従わなかったために保護を廃止したからといって，それらが解決することはあり得ません。

この方針転換により，ケースワーカーの面談がＡさんとの対立関係でなく，共に同じ方向を向き合う姿勢となり，ケースワーカーは心理的に楽になりました。また，面談時のＡさんの言葉が増え，会話が弾むようになったように感じました。

② 事例を通した考察

生活保護世帯の稼働能力活用が叫ばれる中，働いていないＡさんが働くようになることも大事なことかもしれませんが，児童相談所からの連絡をきっかけにして，ケースワーカーはまずは子どもたちの健全な養育・育成を図ろうと方針転換を図りました。その支援に当たっては，子どもたちの一時保護の可能性を示唆するなど強権的な声掛けがなされることもありましたが，そのことで子どもたちが母であるＡさんと一緒に生活したいという気持ちを知ることができました。

第三者から見ると「ダメな母親と子どもは分離し，別々に生活すべき」と思われることもあるかもしれませんが，そんなに簡単に言えることではないと分かりました。一般的には「養育能力が不十分」とみなされてしまう親であっても，子どもたちにとってはかけがえのない存在であり，その親をただ責めるだけでなく，親も子も笑顔で過ごせるような支援を考えていくことの必要を学びました。

一時保護など虐待事案ばかりが注目される児童相談所ですが，養育支援や相談援助の機能があることが広く知られること，さらに福祉事務所・学校との連携を密にできるような人的体制などがあれば，児童相談所側にもより良い支援が期待できたのかもしれません（児童相談所への相談や児童相談所職員による訪問は，自分の養育が不適切だと責められることと感じ，多くの親には相談しづらいものになっていると思います。）。

また，２年間で進展が見られないと感じていた二男についても，その後，無事に高校に進学したことを聞き，ケースワーカーとしてホッとしました。

通常１～２年で担当変更となる福祉事務所のケースワーカーですが，それぞれのケースワーカーによる支援方針の違いで支援のバトンがうまくつながらないということがあるのかもしれません。今回のケースワーカーはＡさんへの就労指導は保留とし，子どもたちの健全な養育・育成を第一へと支援方針を転換しましたが，これが前任のケースワーカーの頃から行われていたらどうだったでしょうか。仮に前任のケースワーカーの頃より不登校や養育環境の整備についての支援がなされれば，違った結果になっていたかもしれません。また，後任のケースワーカーが再び「Ａさんへの就労指導」を第一に考える方針へと転換すれば，二男の高校進学はどうなっていたでしょうか。

生活保護の目的は「最低限度の生活保障」と「自立の助長」ですが，不登校児への支援やごみ屋敷への支援について法や実施要領には触れられていません。つまりＡさんのような家庭にとって「自立」が何かはケースワーカーや福祉事務所がそれぞれ判断しなくてはいけませんが，経験のないケースワーカーにその判断をすることは困難です。

また，支援を行うに当たってその方針が正しいのかどうか，そして行われているケースワーク・面談内容が正しいものかどうか，現在の福祉事務所ではそれを判断することが難しい体制となっているように感じます。

今回の事例はケースワーカーが手探りで悩みながら毎月の面談・訪問を重ねましたが，Ａさん世帯に変化は見られず，さらに保護の利用者とケースワーカーという立場もあってか，ケースワーカーにはＡさんたちの本音が分かりませんでした。Ａさんへ求職活動や自宅の片付けについて話をすると「働きたいです」「すみません」などと返答があるのに，一向に状況が変わらないことにケースワーカーは苛立ちと困難を感じていましたし，その苦悩をＡさんへの就労指導を第一の方針としていた前任のケースワーカーや上司に打ち明けることはできませんでした。Ａさんとの関係性だけでなく，この前任のケースワーカーとの方針の違いもケースワーカーに困難さを感じさせるものの一つとなっていました。

また，不登校の二男について，通学先やスクールソーシャルワ―カー，地区担当保健師など，子どもの養育支援の専門家たちとの連携ができれば良かったと思いますが，Ａさんや二男自らが相談に出向かない状況では，それらの関係機関の協力は得ることができませんでした。

生活保護では「就労指導」や「不正受給」ばかりが注目されますが，生活保護世帯の中には「就労」以外にも様々な生活課題を抱えた世帯が少なくありません。また，それらの世帯に対して法27条文書指示や保護の停廃止を行っても，不登校やゴミ屋敷といった課題が解決するわけではありません。

ケースワーカーが困難と感じるのは，福祉事務所の力だけでは簡単に解決できないＡさんのような事例であり，また，本人とケースワーカーの方針，場合によっては上司や同僚と方針を共有できないときではないでしょうか。

多くの福祉事務所で社会福祉法の標準数を充足しない人員体制の中，ケースワーカーは事務処理や国からの調査統計，日々下りてくる通知通達を読み解きながら生活保護利用者への支援に当たらなければなりません。

そのような実情の中，自立支援やケースワーク，そもそも「自立」とはなにかが共有されることは難しく，個々のケースワーカーが悩み苦しみながら支援を行っています。

事例9 ホームレス状態からのアパート生活への支援

第1 事例の概要等

1 世帯の概要

Ａさんは60代前半の男性で，単身・傷病者世帯です。３年前から生活保護を受けながら，無料低額宿泊所に入所しています。もともとは建築現場で働きながら，妻と娘の３人で生活をしていました。しかし夫婦関係の不和から離婚に至り，それ以来，前妻やその身内とは一切交流がなくなりました。当時幼児だった一人娘も妻に引き取られ，それ以来，会うこともなく，今に至っています。今は，娘がどこで何をしているのかＡさんは全く把握していません。

① 保護開始前

離婚後，Ａさんはアパートを借り，建築現場で働きながら一人暮らしを続けてきました。しかし現場作業中に事故で右足を骨折してしまいました。しばらく入院した後に退院しましたが，右足の動きが入院前に比べて悪くなり，満足に現場で動くことができなくなってしまい，徐々に日雇いの仕事もできなくなりました。そして最終的には仕事が無くなり，病院にも行けず，家賃も払えなくなって数年前にアパートを退去させられてしまいホームレス状態となりました。

頼れる身内も，行くあてもなかったＡさんはホームレスの生活となり，路上や公園で寝泊まりをするようになり，空き缶や金物の回収で若干の日銭を稼ぐような生活が数年続きました。

生活保護を受けることが頭をよぎったこともありましたが，同じホームレス状態の仲間は口々に「相談に行ったのに役所でひどい扱いを受けた。もう絶対に行かない」等と，生活保護に否定的な発言をしていたため，Ａさんも相談する気にはなれませんでした。

②　保護開始後

しかしＡさんは，路上で倒れ，そのまま救急搬送されました。大事には至りませんでしたが医療費を支払う目途がなく，病院の医療ソーシャルワーカーからの働き掛けもあり，生活保護を申請し保護開始となりました。

２週間ほどして病状は回復し，無事に退院できることになりましたが，もともとホームレス状態であったため，Ａさんには退院先がありません。福祉事務所としても病院としても路上に戻してしまうわけにはいきませんので，ケースワーカーとＡさんが相談した結果，無料低額宿泊所に入所することになりました。Ａさんは無料低額宿泊所に良いイメージを持っていませんでしたが，他に行く所がないのでやむを得ないと覚悟していたようです。

無料低額宿泊所入所時点でＡさんはまだ60代前半でした。Ａさんは右足が不自由ながら再び就労したいと考え，求人情報誌やハローワークに行く等して就職活動をしていました。しかし，60代前半という年齢や足の状態，これまでの職歴が建築現場の日雇いということからも仕事が見つからず，結局入所後３年間，今に至るまで仕事が見つかることはありませんでした。

2　アパート生活の希望

①　Ａさんからの申出

ある日，ケースワーカーとの定例の面談の際にＡさんから「アパートに転居したい」と，申出がありました。入所して３年の間，転居の希望は聞いたことがなく，初めてのことでした。詳しく尋ねるとＡさんは次のような様々な不満を述べました。「今の部屋は６畳間の真ん中に仕切りを置いて２人で使っているが，同部屋の人のいびきがうるさい」「エアコンも部屋に１台しかないので，設定温度をめぐって言い争いになる」「食事の味が悪く，レトルトを温めただけのようなものが出てくる」「施設の門限が早くて，もし夜勤の仕事が決まっても行けない」等でした。

ケースワーカーとしては，Ａさんの主張はよく理解できるものでした。本来，無料低額宿泊所は一時的な居所であり，緊急的に雨風をしのいで，落ち着いたらできるだけ速やかにアパートなどのいわゆる普通の住宅で生活するべきところです。それが入所後３年が経ち，Ａさんからの申出を機に，ケースワーカーはＡさん自身のアパート生活に対する意欲を尊重したいと思いました。そこでＡさんには，その希望を査察指導員とも相談し，福祉事務所としての判断を後ほど改めて知らせることを伝え，その日の面談は終了となりました。

② 査察指導員の判断

帰庁後，ケースワーカーが査察指導員に上記のことを相談したところ，予想に反して色良い返事はもらえませんでした。その理由は，身寄りのない単身の傷病者世帯であり，単身生活をすると地域の中で孤立してしまいかねないこと，Ａさんが過去に施設内で飲酒トラブルを起こしていること，ホームレス生活が長く家事能力に不安があることから，現時点での転居費用（敷金等，移送費）は認められないというものです。

確かにＡさんは１年ほど前に，門限を超えた時間に泥酔状態で施設に帰ってきて，それを注意した他の入所者と喧嘩するトラブルを起こしたことがありました。Ａさんは，トラブルを起こした原因として，「将来への不安，仕事が決まらない苛立ち，昔よく飲んでいたので繁華街を通った時に当時を思い出してしまったこと」などを挙げていました。施設からは厳重注意を受け，次に同様のトラブルがあった場合には即刻退去処分とすると忠告されました。Ａさんは深く反省したようで，それ以来，今に至るまで飲酒トラブルはありません。

③ ケースワーカーが支援困難に感じる理由

このような状況で，ケースワーカーとしてＡさんの希望をどう尊重していくべきなのか。Ａさんの希望と査察指導員の判断がわかれている時にそれをどう調整していくのか，支援が困難に感じた事例でした。

第2　支援困難と考える状況，課題

1　Aさんの希望とリスクの評価

①　アパート生活におけるリスク

本事例では，Aさんからは明確に希望が示されました。ケースワーカーとしてはそれを尊重したいと考えましたが，査察指導員からは過去の飲酒トラブルや家事能力が不安なことを指摘され，スムーズに話が進展しませんでした。

では，Aさんの希望を尊重しようとするケースワーカーが良い人で，その希望の実現を認めない査察指導員が悪者なのかといえば，決してそうではありません。単身生活は，食事の準備，室内の掃除，ごみ出しなど全て一人でやらなくてはいけません。当然，近隣に迷惑になる言動をしないことも必須です。それらのことができない場合，本人の健康面や日常生活面に悪影響を及ぼしてしまいます。また，近隣住民との関係も悪くなりかねません。単身生活にはリスクが必ずありますので，そのリスクに目を向けることは大切なことです。

②　査察指導員の立場・役割

加えて本事例の難しさは，実は査察指導員自身も決して転居に後ろ向きな考え方を持っていたわけではないということです。実際に単身生活ができるかできないかは「やってみなければ分からない」ということは，査察指導員も承知しており，「気持ちはよく分かるし，自分も認めてあげたいと思うのだが」とも言われていました。一方で，「でも今後，他に同じ事例があったら同じように平等に対応しなくてはいけないから，形はきちんとしておかなければならない」との考えも聞いていました。

査察指導員は複数のケースワーカーを束ね，管理職との間に位置している生活保護制度の運用上重要なポジションです。ケースワーカーの思いの強さや本人の希望を可能な限り汲みながらも，できるだけ平等性・普遍性のある形で制度を運用していかなければなりません。そのためには一定の根拠に基づいて客観的に判断しなければならないため，過去の飲酒トラブルや家事の能力について疑義が示されることは，何ら不思議なことではありません。

今回の事例の場合，ケースワーカーも査察指導員のその心境を理解していただけに，余計にもどかしさを感じることになりました。本事例ではケースワーカーが生活保護利用者であるＡさんと査察指導員の間で板挟みの状態になっていますが，査察指導員もまた，「Ａさんとケースワーカー」と「平等性・客観性」の間で板挟みになっていました。一つの事例の中に複数のジレンマが存在する状況が，本事例の難しさを特徴づける点といえるかもしれません。

③ 「自己決定の尊重」のための基盤整備

ただ，本事例の場合はＡさんから明確に希望が示されており，一度だけあった過去の飲酒トラブルについても反省し，以降の断酒を続けているようです。リスクがあることも無視することはできませんが，アパートなどの新しい環境への移行は「やってみなければ分からない」という面があることもまた事実です。単身でのアパート生活ができると判断して転居を認めた事例でもうまくいかないこともある一方で，生活にかなり不安のある状態で転居し，結果的にうまく日常生活を送れている事例もあります。このように，アパート転居は絶対的・客観的な根拠のみに基づいて判断することができません。今回のような事例は，不確定要素を抱えながら，最善と思われる判断をしていくしかありません。

「自己決定の尊重」は援助に当たっての基本となるべき大切な原則ですが，その前提として援助者による丁寧なアセスメント，自己決定の阻害要因の確認などが欠かせません。本人の自己決定が生きるように，その基盤整備をしていく必要があります。

2 生活保護手帳，生活保護手帳別冊問答集をどう読むか

「生活保護手帳」に掲載されている実施要領（通知）では，ホームレス状態などの安定した住居のない要保護者に敷金等を支給する場合には「居宅生

活ができると認められる者に限る」とされており，さらに「居宅生活ができるか否かの判断は，居宅生活を営むうえで必要となる基本的な項目（生活費の金銭管理，服薬等の健康管理，炊事・洗濯，人とのコミュニケーション等）を自己の能力でできるか否か，自己の能力のみではできない場合にあっては，利用しうる社会資源の活用を含めできるか否かについて十分な検討を行い，必要に応じて関係部局及び保健所等関係機関から意見を聴取した上で，ケース診断会議等において総合的に判断すること。なお，当該判断に当たっては，要保護者，その扶養義務者等から要保護者の生活歴，過去の居住歴，現在の生活状況を聴取する等の方法により，極力判断材料の情報収集に努め，慎重に判断すること。」とされています。

さらに「生活保護手帳」と並んで現場で判断基準の一つとなっている「生活保護手帳別冊問答集」（中央法規，2022）の問７－107にも，「居宅生活ができると認められる場合の判断の視点」として，「計画的な金銭の消費ができるか」「規則正しい生活を送る習慣が身についているか」「栄養バランスを考慮した食事を採ることができるか」「病気療養のために断酒することができるか」「人に迷惑をかける行為をすることがないか」など，十数点の項目が挙げられており，各福祉事務所でも，この項目を参考にして無料低額宿泊所からアパート転居への判断をしているのではないでしょうか。

居宅生活ができると認められる場合の判断の視点

（問）　局第７の４の(1)のキの「居宅生活ができると認められる者」の判断の視点を示されたい。

（答）　以下のような点について判断することとなると考えるが，これは判断の視点であって，以下の全ての点を満たすことを要件に居宅生活ができると判断すべきものではないので留意すること。

なお，当該視点については，施設退所時においても同様に判断の視点となるものである。

1　面接相談時の細やかなヒアリングによって得られる要保護者の生活歴，職歴，病歴，居住歴及び現在の生活状況

２ 基本的項目

⑴ 金銭管理

ア 計画的な金銭の消費ができるか

⑵ 健康管理

ア 病気に対し，きちんと療養することができるか

イ 服薬管理ができるか

ウ 規則正しい生活を送る習慣が身についているか

エ 栄養バランスを考慮した食事を採ることができるか

オ 病気療養のために断酒することができるか

⑶ 家事，家庭管理

ア 食事の支度ができるか

イ 部屋を掃除，整理整頓できるか

ウ 洗濯ができるか

⑷ 安全管理

ア 火の元の管理ができるか

イ 戸締まりができるか

⑸ 身だしなみ

ア 外出時等きちんとした身なりをしているか

イ 定期的に入浴する習慣が身についているか

⑹ 対人関係

ア 人とのコミュニケーションが図れるか

イ 人に迷惑をかける行為をすることがないか

しかし，これらの項目を全てクリアできる人がどれだけいるでしょうか。文中では，「これは判断の視点であって，以下の全ての点を満たすことを要件に居宅生活ができると判断すべきものではないので留意すること」と書かれています。つまり，全ての項目をクリアできなくても，アパート転居を認めてもよいことになります。結局，生活保護手帳別冊問答集の記述を参考にしながらも，最終的には福祉事務所が判断することになります。

3 無料低額宿泊所の利用の仕方

無料低額宿泊所は，社会福祉法第２条第３項第１号に規定されている「生

計困難者に対して，その住居で衣食その他日常の生活必需品若しくはこれに要する金銭を与え，又は生活に関する相談に応ずる事業」です。ここには無料低額宿泊所が一時的な居所であるとは明記されていませんが，例えば埼玉県福祉部社会福祉課が発行している『第二種社会福祉事業（無料低額宿泊所）の届出の事務処理及び運営に関するガイドライン』では，「施設は，一時的な宿泊をさせる場所であることから，利用者の年齢，障害の程度，生活の状況等を踏まえ，民間アパートや養護老人ホーム等の社会福祉施設等に入居させ，安定した地域生活が送れるよう支援すること」とされています。つまり，無料低額宿泊所は永続的に住む所ではなく，可能な限り速やかに次の居所に移るためのステップの一つです。そのため，本事例の場合も（リスクアセスメントは当然必要ですが），大きな問題がなければできるだけ早期にアパート等の地域の居所に移るべきではないかと考えます。

ただ，無料低額宿泊所を利用するに当たり，難しい点もあります。それは，単身生活ができないほどの心身の状態にある人が，無料低額宿泊所以外に行き場がなく，結果的に長期に滞在することになってしまうことです。さらに，単身生活が可能な人が比較的早期にアパートへ転居していくと，無料低額宿泊所に残るのは単身生活ができないほどの心身の状態にある人が中心になってきてしまいます。しかし，無料低額宿泊所のスタッフは社会福祉や介護の専門職ではない方がほとんどです。本来手厚いケアがなされるべき人が，適切な居住先がないために結果的に無料低額宿泊所に居ざるを得ない状況は，改善していかなければなりません。

非常に親身になって入居者の相談に乗ってくれたり，年金等の他法・他施策の手続や通院の支援まで行ってくれる良心的な無料低額宿泊所もあります。しかしながら，無料低額宿泊所は飽くまで仮の居所であるので，常に次の居所を念頭に入れながら，無料低額宿泊所を利用すべきではないかと思います。

なお，言うまでもないことですが，最初の相談の段階で無料低額宿泊所への入所を強制することをしてはいけません。

第３ 支援の内容

本事例では以下のような小さなことを積み重ねて，それが結果的に実を結びました。実践の現場では，小さな積み上げが積もり積もって事態を動かしていくことは少なくないように思えます。一つ一つは些末に思えてしまうことでも，積み重ねれば事態を動かす力にもなることは，実践の現場において，大切なことだと思います。

1 希望の言語化と整理

支援内容の１つ目は，Ａさんの希望をより詳細に言語化し，整理することです。

本事例のように，Ａさんからの希望をもとに転居費用の支給可否を検討する場合，おそらくどこの福祉事務所も「ケース検討会議」（名称は各地によって様々だと思います。）を開催して，査察指導員や場合によっては福祉事務所長なども含めて組織的に決定する仕組みを設けていると思います。

その会議の場で，Ａさんから述べられたことをそのまま俎上に載せるのも有効かもしれませんが，今回の場合はケースワーカーがＡさんの気持ちに共感し，何とかその希望を叶えたいと考えています。そして多少経験を積んだケースワーカーであれば，このような事例を議題として挙げた時，どのようなことが聞かれるのか，多かれ少なかれ想像がつくのではないでしょうか。

今回の場合，会議の前にケースワーカーがＡさんのもとを訪れ，「炊事や掃除など，単身生活において必要とされる能力」「過去のお酒をめぐるトラブルに対する反省」「アパート転居が叶った場合の，その後の生活への見通し」について，聞き取りを行いました。Ａさんは過去の飲酒トラブルについては「あのときは就職活動が上手くいかなくて，ストレスも溜まっており思わず飲みすぎてしまった。でも，もうやりません。宿泊所にも役所にも迷惑をかけたので，反省しています」「アパートに移れたら，なるべく早く仕事をしたい」と，反省や就労への意欲などを述べました。

ケースワーカーはＡさんの当初の発言をそのまま使うのではなく，会議の出席者が注目するであろうポイントに絞って聞き取りその情報を整理をし，論点を明確にしてＡさんの主張が会議の出席者に伝わりやすい形にするように努めました。そうすることで，限られた会議時間の中でアパート転居の検討に必要な最大限の情報を会議の俎上に載せることができるのではないかと考えます。

2　宿泊所スタッフへの聞き取り

支援内容の２つ目は，Ａさんが入所する無料低額宿泊所のスタッフへの聞き取りです。Ａさんが入所していた無料低額宿泊所はアパート転居に対しても協力的で，日頃から入居者の心身の状態をよく見ていました。

そこで，ケースワーカーは，Ａさんの日頃の生活態度や，今後アパート転居をした場合の日常生活能力について尋ねました。無料低額宿泊所のスタッフからの話では，過去に一度あった飲酒トラブル以降は反省して禁酒も継続できており，施設内でも近所でもトラブルを起こすようなことはなく，過去に単身でアパート生活をしていた経験もあるので，おそらく最低限の家事はできると思う，アパート転居を認めても大きな問題は起きないのではないかとのことでした。

もちろん，宿泊所側から聞き取った内容は前述のケース検討会議でも報告し，Ａさんのアパート転居の可能性を広げる材料になったと思っています。良くも悪くも，Ａさんの日常生活を一番良く見ているのは宿泊所のスタッフです。その意見を聴かない理由はありませんし，生活状態を日頃からよく見てくれているのであれば尚更です。今回の場合はアパート転居に積極的な宿泊所でしたので助かりましたが，全ての宿泊所で同じようにいくとは限らないと思われる点が，注意が必要なところかもしれません。

3　具体的に物件の候補を見つける

Ａさんは，アパート転居可となった場合に実際にどの地域に転居するかについてのこだわりは特にありませんでしたが，全く知らない地域に転居することにも不安があるとのことで，転居可となった際は福祉事務所と同じX市内で物件を見つけたいとのことでした。

そこで，市内の物件を数件調べて，その情報をＡさんと共有しました。これは，実際に特定の物件情報を見ることで，転居後の生活のイメージを喚起することが目的でした。もちろん，実際に転居可となった場合でも，その物件が先に契約されてしまうことは十分あり得ます。しかし，具体的な物件の情報を見ることで，周囲にどのような店，医療機関，公的機関などがあるかが分かり，新しい生活を実感を持ってイメージすることができます。それは，新しい生活を漠然とイメージしているのに比べ，Ａさん自身も希望が持てるのではないでしょうか。何か新しいことを始める時に，見通しが立っているのと立っていないのとでは，向き合う意欲も異なってくるのではないかと思います。

新しい生活の具体的なイメージを喚起し，Ａさんの「やる気」を刺激すること，これも（小さなことですが）支援の一つとして，有効だったのではないかと思っています。

4　稼働年齢層であることを活かす

Ａさんは60代前半で，まだいわゆる「稼働年齢層」です。世帯類型は傷病者世帯ではありますが，Ａさんの就労への意欲は十分認められるものです。アパート転居に加え，就労意欲についても尊重したいとケースワーカーは思っていました。

そこで，Ａさんの就労の希望を尊重するための方法の一つとして，アパート転居をとらえることにしました。宿泊所の門限は早く，夜間に仕事をするには厳しいものです。もしこの門限を気にしなくてよいのであれば，もっと時間に柔軟な就職活動をすることができます。

また，もし仕事が決まって就労をし始めたとしても，現在の宿泊所のままだと，疲れて帰ってきて同部屋の入居者の生活音に悩まされたり，食事が口に合わなかったりすると，就労を継続する意欲にもマイナスの影響が出てしまいます。住まいというのは，疲れた心身をリフレッシュする機能がなくてはなりません。ですから，落ち着いた生活ができていない現状は，変えていく必要があります。「就労」という切り口から「住まい」という問題を考え，働き掛けていく必要があると感じました。そして，ケース検討会議の際に，この視点からＡさんのアパート転居を認めてはどうかと提案をすることになります。

自治体によっては，傷病者世帯にはあまり積極的な就労支援をしていないところもあるかもしれません。ですが，今回はＡさんに就労意欲があり，アパート転居がその意欲を後押しすることになるかもしれません。ですから，Ａさんの希望を受け止め，就労支援プログラムにつなぐことにしたことも記しておきます。

5　結　果

上記の支援を行い，最終的にケース検討会議の場で，Ａさんのアパート転居（敷金等などのアパート生活費用の支給）が認められました。ケースワーカーとしてアパート転居に向けての地盤を固めていったこともありますが，最終的にはＡさんの生活への意欲が，実を結んだと言えるでしょう。Ａさんは市内の駅近くにあるアパートを借りて，そこに住みながら就職活動をしたいと話していました。

ただ，転居後の生活が上手くいくかどうかは，Ａさん自身の力によるところが大きいこともまた事実です。Ａさんの希望が通ったことは大変喜ばしいことですが，単身生活は炊事から掃除，ごみ出しなど，自分でやらなければならないことが多くあります。

さらに，無料低額宿泊所からの転居ですので，家具什器も一から買わなければならない状態での転居です。家具什器費は特別基準で支給し，冷蔵庫と洗濯機，ガスコンロ，電子レンジ，電気炊飯器を何とか中古で一式揃えました。Ａさんは他にも掃除機を買いたいと言っていましたが，お金が足りず断念しました。今後少しずつ貯金をして買うとのことでした。

Ａさんはその後，無事にアパート転居を済ませましたが，まだ転居したばかりでしばらくは不慣れな環境で何かと不便をされることと思います。しかし，Ａさんの意欲はその不便を補って余りあるほどに強いものだと信じ，当面は就労支援をしながら，時折生活の様子を聞き取っていきたいと思っています。

第４　振り返ってみて

１　本人の希望の聞き取り

振り返ってみるといくつか考える点があります。

まず何よりも無料低額宿泊所入所直後からアパートへの転居に向けてのアセスメントを怠っていたということが挙げられます。ケースワーカーがＡさんの担当になった直後に希望を聞き，動き出していたら，もう少し早くＡさんはアパートでの生活ができていたかもしれません。ケースワーカーとしては，他の業務が多忙であったため，Ａさんへの対応がおろそかになっていたことが反省点です。

２　アパート転居の可否の判断

次に，無料低額宿泊所からアパートへの転居の可否の判断が，非常に難しかったということです。最終的には「やってみなければ分からない」のですが，その判断に至るまでにも，実は若干の道のりがあります。つまり，アパート生活が「明らかにできる」又は「明らかにできない」場合，迷うことはありません。問題は，今回の場合のように，「できるかもしれないし，できないかもしれない」と，判断に迷う場合です。その証拠に今回の場合，ケースワーカーと査察指導員の判断が分かれました。そして，どちらかが100％正しく，どちらかが100％間違っているわけではないことも，この問題を難しくしている一因です。つまり，ここに援助者としてのケースワーカーの姿勢や，「価値」といったものが反映されてきます。どちらを選んでも「それなりに正解」で，「それなりに間違い」なのだと思います。私見ではありますが，判断に迷う場合には，本人の意思に任せるべきなのではないかと考えています。それが，「自己決定の尊重」「自己実現」を掲げる，社会福祉の専門職の最低限の心構えではないかと思います。

3　稼働能力の活用

最後に，今回のＡさんは60代前半でしたので，「稼働能力を活用する」という視点から転居に向けてアプローチをすることができました。もしＡさんが高齢者であると，問題はもう少し難しかったかもしれません。高齢者になればなるほどアパートも借りづらくなりますし，稼動能力の活用をアパート転居に結びつけることもしづらくなるのではないかと思います。もちろん，高齢者であっても就労意欲のある人には就労支援プログラムなどの仕組みを活用できるのが理想ですし，そうでなくてはならないと思います。今回は，60代前半という年齢が功を奏した面も大きいと思います。

無料低額宿泊所からの転居など，判断に迷う場面というのは，むしろ援助者としては「腕の見せ所」です。時に厳しい判断をしなければならないこともあると思いますが，今後も，自分の目の前の利用者の可能性を信じるところから，常に援助を始めていきたいと思います。

第4章
生活保護ケースワークとケースワーカーの役割
―支援困難事例の検討から―

生活保護における支援困難事例とは，ケースワーカーの意図した「支援」が進まないという行政側の評価であり，そのような状況が生じる原因としては福祉事務所をめぐる体制の問題が大きな要素としてありました。また，ケースワーカーがこのような状況の中で要保護者に対してどのような視点を持ち，どのような支援関係を作り上げるのかも大きな課題でした。

そこで本章では，支援困難事例を考える中で，生活保護ケースワークとはどのようなもので，ケースワーカーの役割とは何かについて検討したいと思います。

第1　ケースワーカーと被保護者の関係性

ここまで担当世帯数の多さから生じるケースワーカーの過重な業務量と被保護者の課題の複雑さ，ケースワーカーを支える組織体制の脆弱さから，ケースワーカーが被保護者の課題に応えられない状況におかれることで，被保護者に対する否定的な感情が生じる問題等を見てきました。

生活保護の給付は行政による保護の決定として行われることから，ケースワーカーは権力を背景にした行政職員であり，保護の実施にあたっては厚生労働省（旧厚生省と併せて以下，厚生労働省とする。）などの国家組織からの通知等に拘束されていることが挙げられます。このことは国民の生存権を国家責任として保障するためには，保護の決定（決定は福祉事務所長ですが，その必要性を実際に判断し，起案するのはケースワーカーになります。）を国の統一的な内容で行うことが必要と考えられるからです。したがって保護基準額が下がればケースワーカー個人の意思に関係なく事務処理により扶助額を下げ，給付要件が厳しくなればそれに従った決定を行うことになります（もちろん，この逆もあり得ます。）。この場面は，ケースワーカー個人の資質や社会福祉の専門性の有無などの問題ではありません。

このような中でケースワーカーと被保護者との直接の関係は，扶助を媒介として成り立っています。扶助を給付する立場のケースワーカーと，扶助を受ける立場の被保護者の関係は，保護の廃止にならない限り互いに切ることができず，[1] 逆転することも変化することもありません。ケースワーカー個人の認識は別にしても，被保護者から見ると給付に伴う権力的関係を強く意識せざるを得ません。

また，保護の決定にあたっても基準額に基づいた給付の機械的な計算事務だけではなく，ケースワーカーによる被保護者の生活実態や考えを把握，理解した上で判断することが必要になる場合も生じます。このことは一時扶助や生業扶助，特別基準の設定などの保護の給付の場面だけでなく，法63条の返還金額の決定[2] や保護費を返還する場面などでも生じる[3] ことから，生活保護行政では扶助の支給や返還等の「お金が動く」決定とケースワークは分離することはできません。ケースワーカーは被保護者の最低生活保障と自立の助長を考えて事務処理やケースワークを行わなくてはなりませんが，それらの多くは厚生労働省の指導や通知の範囲を超えることはできません。

このような構図で成り立つケースワーカーと被保護者の関係は，当事者の合意を基に行われる関係ではなく，保護開始により全被保護者がケースワークの対象とされ，被保護者の意思に関わりなく行われることになります。そこで被保護者からは，自身の生活への介入や干渉，プライバシーの侵害と捉えられがちになります。

このような関係の中で，ケースワーカーがオーバーワークになったときに被保護者への対応に問題が生じます。オーバーワークの原因は，被保護世帯

1）ケースワーカーの担当地区の変更や異動の場合，被保護者が転居した場合は担当のケースワーカーは変わるが別のケースワーカーが担当することになり，ケースワーカーが担当をしなくなるわけではない。

2）法63条による返還金額は「実施機関の定める額」とされている。その理由としては，全額返還させることが不可能，不適当な場合もあることから被保護者の状況を知しつし得る実施機関の裁量に任せたとされている（小山進次郎『改訂増補生活保護法の解釈と運用』（中央社会福祉協議会，1951）650頁）。

3）例えば，厚生労働省社会・援護局保護課長通知「生活保護費の費用返還及び費用徴収決定の取扱いについて」（平成24年７月23日社援保発0723第１号）では，生活の維持に支障がないとする徴収金額については「領収書・レシートなど家計状況や生活状況について可能な限り把握するとともに，被保護者の同意を得た上で，当該被保護世帯の自立の助長についても十分配慮し保護の実施機関にて個別に判断すること」とされている。

数の増加に追いつかないケースワーカーの人員配置の不十分さによることが直接的なものです。また，社会福祉制度や社会保障制度などの他法他施策の拡大と充実，生活保護行政の緻密化によるケースワーカーの事務的業務量の増加もあります。オーバーワークにより研修に参加できないことや，福祉事務所内研修の実施自体が難しくなり，課題を有する被保護者について，福祉事務所内での相談や検討ができないことやその検討が形骸化し，ケースワーカーが落ち着いて支援について考えることができない状況も生じています。

さらに，住民を取り巻く多様で複雑な課題とその要因の影響もあり，被保護者の中には障害や疾病，長期の不遇な環境や生活のため人間不信により適切な人間関係を築けない人，社会的には受け入れがたい言動を行う人，不合理な行動をする人，生活する意欲を失っている人もいます。また，正当な権利を主張できない人もいます。これらの問題は，生活保護行政（被保護者）だけに生じているのではなく，社会一般に生じている問題ですが，生活保護が最低生活保障，自立の助長を目的とし，被保護世帯に対してケースワーカーの担当制が敷かれていることから，住民が生活保護を受給することにより問題が顕在化し，担当ケースワーカーにその解決が求められます。

しかし，これらの課題の支援手法については社会の中で未確立なものや不十分なものも多くあり，ケースワーカーがどのような支援を行うことが適切なのかが分からないことがあります。この場合にケースワーカーは被保護者を専門機関につなげることになりますが，専門機関との連携ができなかったり，専門機関が分からなかったり，そもそもそのような支援を行う機関が存在しない場合もあります。そこでケースワーカーを取り巻く支援する側の問題と，被保護者の複雑な生活課題を背景に「支援困難事例」が生じるのです。

被保護者とのトラブルが増加し繰り返されると，ケースワーカーは被保護者に対してストレスがたまり否定的な感情を持ちがちになります。権力的な要素のあるケースワーカーが被保護者に対して否定的であると，そこに被保護者の権利を侵害する危険性が生じ，ケースワーカーと被保護者の緊張関係はさらに高まることになります。

第2　生活保護行政の姿勢と要保護者の関係

生活保護行政では，ケースワーカーは厚生労働省の方針に従った運用を行わなくてはならないシステムとなっていますが，[4] 厚生労働省の生活保護行政に対する方針は時代ごとに変わっています。特に，生活保護適正化と言われる保護費の削減を図る時期には，厚生労働省の指導により要保護者に対して厳しい対応が行われました。

適正化は主に国の財政問題が生じたときに行われます。このことは，経済情勢が悪化することで生活困窮者が増加し被保護者も増加しますが，一方で国や地方自治体の財政状況も厳しくなることから，公務員の定数とともに生活保護費の削減が図られることになります。

適正化の歴史を見ても，最初に行われた1950年代半ばの適正化では当初予算では生活保護費の国庫負担を80％から50％に削減する議論が行われた緊縮財政の時期でした。適正化の対象は主に結核患者，在日朝鮮・韓国人であり，在日朝鮮・韓国人に対しては「不正受給キャンペーン」を行うことで世論を喚起しました。外国人には保護請求権がないとされたことから，彼らには救済手段がありません。そこで，日本人に行えば違法とされる行政対応を組織的に行い，外国人の被保護世帯の大きな削減が行われました。[5]

また，1980年頃からの適正化の背景としては，1979年に第２次オイルショックが発生し，1981年に行政改革推進本部が発足するとともに1982年には総理大臣が財政非常事態宣言をしています。このときも暴力団員の保護受給を理由に，「暴力団員不正受給キャンペーン」が行われ適正化が推進されました。しかし，その引き金となった自治体では収入状況を徹底的に調査し

---

4)「生活保護法による保護の実施要領」は地方自治法245条の９の「処理基準」とされている。このことについては，池谷秀登『生活保護ハンドブック「生活保護手帳」を読みとくために』（日本加除出版，2017）20～22頁

5) 池谷秀登「生活保護第一次適正化時の在日朝鮮・韓国人の状況」東京社会福祉史研究９号25～48頁。池谷秀登「生活保護第一次適正化における在日朝鮮・韓国人への対応」東京社会福祉史研究10号61～76頁

た結果，全ての世帯が困窮しており，学歴もなく働ける条件のない被保護者が行き場がなくなって暴力団に引き込まれる貧困から生じているものだ，と当該自治体の福祉事務所長が述べるような実態でした。[6)]

適正化は被保護者の不正受給を防止することを名目として実施されることから，保護の開始や給付の際には不正受給の防止が重視されることになります。そこで要保護者に対する調査や確認のための書類の徴取，各種帳票の作成などによりケースワーカーの調査項目が増え，事務処理が煩雑化するとともにその量も増加します。また，要保護者に対しては「不正受給の可能性」を前提として，保護の必要性の挙証を求めるなどの厳しい姿勢で行われるためトラブルが多発します。このように要保護者だけでなく適正化を行うケースワーカーも負担が大きくなり，要保護者に対する視点が否定的なものになりがちとなります。

生きるために権利としての生活保護を求める要保護者と，厚生労働省の「縛り」により保護の支給を厳しくするケースワーカーの間では大きな緊張関係が生まれます。このような生活保護の適正化政策もケースワーカーと要保護者の関係が対立することで，支援困難事例に至る大きな原因と考えられます。

第３　支援から課題を考える

被保護者の中にはその生活課題が複雑で困難なことから，生活の立て直しを諦めていたり，そもそも被保護者自身に問題意識がない場合もあります。一方でケースワーカーのおかれた厳しい環境からは，被保護者への丁寧な支援が難しくなるだけでなく，行政側が被保護者に対して厳しい対応を行うことで被保護者との関係も悪化することになります。

第３章では，このような背景がある中でのケースワーカーによる支援の事

6)「繁栄の中の忘れもの」産経新聞1989年11月14日

例について見てきました。いずれもケースワーカーは被保護者の健康で文化的な最低限度の生活を保障し，より良い生活を営めることを考えて支援を行いますが，課題の複雑さと支援の困難性が報告されています。

被保護者に対して，ケースワーカーは課題の改善，解決に向けて検討し支援方針を立てますが，これらの生活課題に対する支援手法が社会一般に確立，整理されていないことも多く，ケースワーカーは支援方針や支援の具体的な方法に戸惑うことが少なくありません。

事例３や**事例５**では境界性パーソナリティー障害の被保護者が紹介されていますが，このような被保護者への確たる支援手法は生活保護行政で整理されていないだけでなく，多くの関係機関も支援に悩んでいるのではないでしょうか。このほかにもアルコールや薬物などの依存症，ひきこもる人や不登校児，浪費，暴力の問題などの複雑な被保護者の課題に対する支援が必要な場合がありますが，その解決は難しいものとなります。

事例２では多くのケースワーカーが悩むことのある保護要件にも関わる就労支援についてでした。就労支援をしなくてはと焦るケースワーカーとそれを必要としていない被保護者では，支援者と被保護者が別々の方向を向いているため，支援に困難が生じていると指摘し，被保護者，ケースワーカーが逆方向を向いたままの関係では，事例が好転することは少ないと述べます。また，**事例６**では実際にケースワーカーが世帯について把握しているのは上辺だけであって，当事者の気持ちをつかみきれず支援方法を確立できないと指摘します。そこで**事例２**では，支援に入る前には過去のケース記録を読み込み被保護者の状況を理解することが重要であると強調します。

事例８では自立支援やケースワーク，そもそも「自立」とは何かを具体化することが必要ではあるものの，それができないことで個々のケースワーカーが悩み苦しみながら支援を行っていると述べています。

被保護者に対する支援期間について，**事例３**では支援には時間がかかることを正面から認めるとともに，うまくいかないこと，どうしようもないことは当たり前であるという理解が必要であると述べます。**事例６**でも支援のために必要な時間やタイミングを見計らうということが重要であり，自立を支援していくには年単位の時間が必要ではないかと述べます。ここでは，生活課題が複雑な人たちへの支援にはかなりの時間をかけざるを得ないことが述べられていますが，生活保護行政の一部で言われているような「鉄は熱いうちに打て」などの短期的に結果を求めることの問題点も指摘されているように思われます。ケースワーカーと被保護者の状況を検討しないまま，直ちに行政の「成果」を求めることは危険なことではないでしょうか。

事例1では支援を拒む被保護者について，不衛生な状況に身を置き続けているにもかかわらず，その改善を図るための支援を拒む被保護者とケースワーカーの方針の違いが生じたことを紹介し，ケースワーカーは大きなストレスを抱え，不合理と思われる結果を選ぶ当事者には「もどかしい」を通り越して「怒り」を覚えることもあったと述べています。

事例7で述べられているように，多様で複雑な問題やトラブルを生活保護行政だけで解決することは難しく，関係機関との連携をした支援は必要ですが，それ自体がスムーズに進まない場合もあります。そのような中で**事例1**では複数の支援者による連携ができたことで，課題をケースワーカー一人で抱え込むことにならず，ケースワーカーの心理的・物理的負担を軽減させるもので，このことはケースワーカーだけでなく，医療ソーシャルワーカーや地域包括支援センター側にとっても同様だと述べています。

この連携，協働の関係については福祉事務所と外部との関係だけではなく，福祉事務所内でも同様に必要と考えられます。しかし，福祉事務所内の協働関係について，**事例1**ではケースワーカーが多くの世帯を担当している中では時間を作って話し合いを重ねても進展が見られないことを指摘し，**事例8**では被保護者ごとの「自立」が何かはケースワーカーや福祉事務所ごとにそれぞれが判断しなくてはならないものの，経験の少ないケースワーカーにその判断は困難だと述べます。また，**事例9**では支援には援助者としてのケースワーカーの姿勢や，「価値」といったものが反映されているのではないかと指摘をします。**事例5**では被保護者への支援方針などは上司を含めて福祉の未経験者が多数であると述べています。この様な査察指導員とケースワーカーの関係で，**事例９**ではケースワーカーが被保護者と査察指導員の間で板挟みの状態になることを述べつつ，査察指導員もまたケースワーカーと実施要領の判断との間で板挟みになっていると指摘をします。**事例８**でも，不登校生の被保護者と何を話したらよいか分からず所内で相談をしても，査察指導員や先輩ケースワーカーからのアドバイスは何も得られなかったと述べています。しかし，このような不登校などの問題は生活保護行政以上に教育の現場でも重要な課題とされている問題でありながら，確立した支援施策がないことからケースワーカーによる支援も難しいように思われます。

事例４では，ケースワーカーが常に大きなプレッシャーを背負っていると述べ，ケースワーカー一人で解決することにこだわっていたらケースワーカー自身がつぶれてしまう可能性があると指摘をしています。その上で，支援を根気強く継続できた理由として大きかったのは，職場の同僚等の支えであるとし，福祉事務所内の支え合いが必要と述べています。このことはケースワーカー間の関係性や福祉事務所の職場体制の重要性を示したものと思われます。このように，支援にあたってはケースワーカーが孤立せず関係機関や福祉事務所内で連携，協働することがケースワーカーの負担を緩和させると思われます。

被保護者が地域でトラブルを繰り返す場合には，被保護者だけでなくケースワーカーと地域住民との間でもあつれきが生じます。**事例７**では，知的障害者の支援にあたり単身で地域生活する際には，地域住民に「障害の理解」と「協力要請」が必要であると振り返りますが，ケースワーカーがいつもトラブル対応に追われており，ケースワーカーの頑張りが被保護者や地域住民に理解してもらえない疲弊感を述べます。

事例５では，その地域性からケースワーカーの自宅に深夜や休日に関係機関からの連絡があるなど，ケースワーカーだけでなくケースワーカーの家族にとっても大きな負担があることを指摘します。このような場合には地域の人々や関係機関との整理が必要となりますが，このことはケースワーカーだけで解決できる問題ではなく，自治体が組織として前面に出る必要があるかもしれません。

ケースワーカーが行う支援に支障が生じる問題としては，担当世帯数の多さを始めとした業務量の問題があります。**事例１**では，救急搬送への同乗や入院先への訪問などにあたっても，事務処理が山積していることから，ケースワーカーの負担が大きくストレスを生じさせると指摘します。また，厚生労働省や都道府県・指定都市本庁による指導監査，検査による指摘を意識すると，これらの支援を行うことで事務処理が滞り監査項目をクリアできず，上司とのあつれきも生じストレスを持つこととなります。**事例２**では，ケース記録を読み込むことの必要性を強調しますが，ここでも担当世帯数が多いことで，記録を読むこと自体も困難であると述べています。同様に**事例５**では，ケースワーカーが多忙なため考える時間がないと述べ，**事例９**でも施設入所直後からの転居に向けてのアセスメントを怠っていた事例を挙げ，ケースワーカーとしては，他の業務が多忙であったため対応が疎かになっていたことが反省点と振り返ります。**事例４**でもケースワーカーの仕事のやりがいを述べながらも，世帯数の多さから必要な支援が行えないと指摘をしています。担当世帯数の多さが支援に支障が生じるとともに，ケースワーカーの大きなストレスの原因となっていることが分かります。

第４　要保護者へ支援を行える生活保護行政へ

「支援困難事例」をキーワードに生活保護行政の支援をみてきましたが，ここで生じる問題をどのように考えればよいのでしょうか。すなわち，複雑で困難な課題を有する人たちに対して保護費の給付とともにケースワークをどのように行うのかという問題であり，ケースワーカーによるケースワークや扶助に関わる支援の質をどのように高めるかということです。これまでも，ケースワーカーに対する研修や所内での支援方針の検討の必要性は指摘されてきましたが，生活保護ケースワーク自体の整理が不十分であり第３章の事例を見たとおりいまだにこれらが充実しているとは言えないように感じます。

そこでこのような支援をめぐる課題が多数ある中で，生活保護ケースワーク，ケースワーカーの役割はどのようなものなのかを考える必要があります。

第５　ケースワーカーの役割の整理

生活保護法の目的は「最低限度の生活保障」と「自立の助長」でした。すると，この生活保護の目的とケースワーカーの関係，つまりケースワーカーの役割とはどのようなものなのかについての整理が必要になります。ケースワーカーは保護費の支給事務だけを行うのではなく，被保護者からの相談や助言，指導なども行うことから，生活保護行政のケースワークとはどのようなもので，どのような機能なのかを理解するのかということにもなります。

生活保護行政では，法制定時よりケースワークを実施することは前提とされていたものの，法律上は意義が与えられていないとされていました（第２章30～31頁）。

また，社会福祉法ではケースワーカーを指す「現業を行う所員」（同法15条１項２号）の業務については「援護，育成又は更生の措置を要する者等の家庭を訪問し，又は訪問しないで，これらの者に面接し，本人の資産，環境等を調査し，保護その他の措置の必要の有無及びその種類を判断し，本人に対し生活指導を行う等の事務をつかさどる」（同法15条４項）と規定していますが，ここからは具体的なケースワーカーの役割を読み取ることは難しく感じます。

そこで，ケースワーカーの役割とは何かを考える必要がありますが，そのためには生活保護行政で行われるケースワークの検討が必要となります。これは，実際に要保護者との関係でケースワークがどのような場合に必要とされ，どのように行われ，どのような機能があるのかということです。

第6 保護決定に当たってのケースワーク

ケースワーカーは要保護者に対する支援を行いますが，生活困難の原因やその状況は様々ですから，多様な相談内容に対してケースワークが行われます。そこで，まず最低限度の生活を保障する保護の決定にかかわる場面についてのケースワークの検討をします。

1 保護の原理，原則の判断に当たってのケースワーク

生活保護法は保護の要件を「利用し得る資産，能力その他あらゆるものを，その最低限度の生活の維持のために活用すること」としています。

ここでの「能力」とは稼働能力のことです。稼働能力は抽象的なもので人により様々な状態がありますから，資産等のように数値化が困難なため，その評価は難しいものとなります。そこで，生活保護行政では稼働能力の活用についての判断を稼働能力の有無の評価，稼働能力を活用する意思の有無の評価，就労の場を得られることができるか否かの評価で行われます[7)]。

稼働能力の有無の評価では客観的な年齢や医学的な面からの評価だけではなく，生活歴・職歴等も把握・分析することとされています。また，稼働能力を活用する意思があるか否かの評価でも真摯な求職活動の評価が必要であり，就労の場を得ることができるか否かの評価も，有効求人倍率など客観的な情報だけでなく育児や介護の必要性など就労を阻害する要因を踏まえて判断を行う必要があります。つまり，年齢，医学的知見，資格，有効求人倍率などの客観的な事項だけでなく，生活歴，職歴，育児，介護などそれぞれの状況を踏まえる必要があることから，本人と話し合い，本人や家族の状況を理解しなければ判断が難しいためケースワークが必要とされるのです。

扶養の可能性の調査では戸籍謄本により民法の定める扶養義務者の有無は分かりますが，要保護者と扶養義務者との関係は様々なものがあります。そ

---

7)『生活保護手帳2022年度版』（中央法規，2022）259頁

こで，生活歴等から特別な事情がある場合や，要保護者が福祉事務所による扶養照会を拒んでいる場合等には丁寧な聞き取りを行い，判断することが必要とされ，ケースワークが求められています。

世帯単位の原則の判断に当たっては，同一世帯の認定の判断や世帯分離の判断においても生活実態や夫婦間の状況，今後の生活状況などの当事者の状況を聞くとともに，地域の生活実態の考慮などの必要があり，外形や住民票，住宅の契約書，その他書類等での機械的な判断だけでは世帯の状況の実際を理解することが難しい場面も生じることから，ここでもケースワークが前提とされています。

2　扶助費の給付決定におけるケースワーク

生活保護は最低限度の生活保障を行う制度ですから，扶助の給付決定は必ず行われます。扶助の給付は毎月支払われる扶助費の定例的支給や自己負担金の計算などがありますが，これらの多くは誰が計算しても同額となる機械的な判断による決定となります。しかし，最低限度の生活に必要な一時扶助などは支給要件の検討に当たり，被保護者の生活状況，その必要性，妥当性の判断が必要でありケースワークを伴うことになります。

例えば，住宅扶助の一時扶助（敷金等，住宅維持費等）を支給するに当たっては，必要とする状況を把握するために家庭訪問を行い，被保護者からの話を聞き，具体的な必要性と給付内容を判断しなければなりません。施設入退所，通所，葬儀等参加の交通費等の支給の際には，身体的，精神的な本人の状況と本人の希望を踏まえて妥当な経路，交通手段，金額等を検討する必要があり，機械的に決めることはできません。

また，保護開始時や転居時の家具什器費やエアコン等の支給についても，本人の希望を前提としてその必要性，妥当性，金額面などから検討しなくてはならず，この場合もケースワークが必要となります。特にエアコン等については健康状態に大きな影響を与える可能性が高いことから，厚生労働省の監査項目にも「日頃のケースワークにおいて，冷房器具等の購入の意向を確認し，必要に応じて，購入に向けた家計管理の助言指導を行う」等[8)]とケースワークの必要性が強調されています。

この他にも保護費の支給の多くの場面では，機械的に行うのではなく，要保護者の要望や関係機関からの意見を参考にしつつ，必要性，妥当性を判断することが必要となります。

3　費用徴収，返還決定の際のケースワーク

生活保護の不正受給の認定は法78条の適用の有無により判断されますが，生活保護行政では『生活保護手帳別冊問答集』[9)]の他，通知「生活保護費の費用返還及び費用徴収決定の取扱いについて」[10)]により次のような判断基準が示されています。

「被保護者に不当に受給しようとする意思がなかったことが立証される場合で，保護の実施機関への届出又は申告をすみやかに行わなかったことについてやむを得ない理由が認められるときや，保護の実施機関及び被保護者が予想しなかったような収入があったことが事後になって判明したとき等は法第63条の適用が妥当であるが，法第78条の条項を適用する際の基準は次に掲げるものとし，当該基準に該当すると判断される場合は，法第78条に基づく費用徴収決定をすみやかに行うこと。」

さらにこれらに該当したら直ちに不正受給との判断を行うのではなく，「法第78条の適用に当たって最も留意すべき点は，被保護者等に不当又は不正に受給しようとする意思があったことについての立証の可否であり，立証を困難にしているものの原因は，被保護世帯に対する収入申告の義務についての説明が保護の実施機関によって十分になされていない，あるいは説明を行ったとしても当該被保護世帯が理解したことについて，事後になってケース記録等によっても確認できないといったこと等にあると考えられる」とし

8）生活保護法施行事務監査事項（『生活保護手帳2022年度版』781頁）
9）『生活保護手帳別冊問答集2022年度版』（中央法規，2022）419～420頁
10）平成24年７月23日社援保発0723第１号

ており，不正受給の判断は被保護者に不正の意思のあることが立証できた場合とされています。

さらに同通知では「世帯主及び世帯員の病状や当該被保護世帯の家庭環境その他の事情により，世帯主や世帯員において収入申告義務についての理解又は了知が極めて困難であり，結果として適正に収入申告がなされなかったことについてやむを得ない場合があることも考えられるところである」「提出された収入申告書と課税調査等の結果が相違している状況であっても，不正受給の意思の有無の確認に当たっては，世帯主及び世帯員の病状や当該被保護世帯の家庭環境等も考慮することとし，その上で，法第78条に基づく費用徴収を適用するか，法第63条に基づく費用返還を適用するかを決定されたい。」としています。

このように被保護者の収入申告義務について，被保護者の状況，家庭環境によりその理解，了知が極めて困難な場合があることも考慮して不正受給の適用の有無を検討することとされており，不正受給の判断においてもケースワークが必要とされているのです。

法63条による費用返還額の決定の際には，その返還金額について法の規定は全額返還ではなく「実施機関の定める額」とされています。このことについて法立案者は「全額を返還させることが不可能，或いは不適当である場合もあろうから，額の決定を被保護者の状況を知悉しうる保護の実施機関の裁量に委せた」[11]「必ずしも給付を受けた全額を返還させる必要はなく，諸般の事情を考慮して市町村長の定めた額を返還させればよい」[12]と述べており，実施機関が返還対象金額の一部又は全額を控除して決定することができるものとされています。

返還決定の判断では「一時的な経費であって，保護（変更）の申請があれ

11）小山進次郎『改訂増補 生活保護法の解釈と運用』（中央社会福祉協議会，1951）650頁

12）木村忠二郎『改正生活保護法の解説』（時事通信社，1950）127頁。木村の本書第２次改訂版(1959)では市町村長を実施機関に修正している（364〜365頁）。

ば保護費の支給を行うと実施機関が判断する範囲のものにあてられた額」や「当該世帯の自立更生のためのやむを得ない用途にあてられたものであって，地域住民との均衡を考慮し，社会通念上容認される程度として実施機関が認めた額」については控除が可能とされ,[13] その必要性や地域住民との均衡，社会通念なども考慮することが求められており，法63条の返還金の決定判断に当たってもケースワークは必要となります。

第７　生活保護の決定を伴わない自立支援とケースワーク

このように生活保護の決定（扶助の給付，扶助費の返還など）に当たっては，ケースワークが行われることが必要であり，保護決定事務を行うケースワーカーからケースワークを除外しては適正な保護決定（生活保護行政）は難しくなる場合も生じることから，生活保護行政ではケースワーカーにケースワークが求められています。このことは貧困により被保護者の状況が様々であり，一律又は形式的な判断では最低限度の生活を保障することができないからと考えられます。

それでは，ごみ屋敷や介護を拒む認知高齢者等の人たちへの生活環境改善の支援，子どもに対する支援，被保護者の日常生活の見守りなど保護要件や保護の決定に直接関わらない場合もケースワーカーはケースワークを行うことが必要なのでしょうか。

1　日常生活自立，社会生活自立の性格とケースワーク

現在の生活保護行政では自立を，就労自立，日常生活自立，社会生活自立に整理しました（第２章59頁）。被保護者の生活課題の支援では社会生活自立と日常生活自立を明確に区分することは困難な場合も生じますが，ここでは自立が保護廃止（経済的な自立）だけではないことが明らかにされ，保護受

13）『生活保護手帳別冊問答集2022年度版』（中央法規，2022）425頁

給しながらの生活課題の改善も法の目的である自立とされています。すると，生活課題の改善を目的とした日常生活自立，社会生活自立支援におけるケースワークとケースワーカーの関係はどのようなものでしょうか。

日常生活自立，社会生活自立の支援を要する生活課題には解決が困難なものが少なくありません。これらは直接保護要件に関わらないものが多く，不利益処分を背景とした指導・指示で解決できるものでもないからです。

この課題解決へ向けての支援には本人の気持ちが重要となり，本人の同意を基にした支援でないと効果は見込まれず，その支援には専門的な支援が必要となることがあります。また，他法他施策を活用する場合にも，多くの場合は本人の同意がないとその施策を活用することは困難となります。さらに，疾病や障害により，あるいは疾病や障害はなくとも複雑で過酷な生活歴などから，権利主張や自らの状況を語れない，理解できない，諦めている被保護者も多く，この場合にはこれらの状況に対する支援も必要となりますが，ここで問題となる生活課題は保護費の給付だけで解決できるものではありません。つまり，これらの課題の多くは生活保護特有のものではなく，被保護者以外にも生じる課題であることに注意をする必要があります。

2　生活保護ケースワークの場面と法的根拠

生活保護ケースワークの特徴としては，保護の決定に必要なことから保護の開始によりすべての被保護者がケースワークの対象となり，同意を基にケースワークが行われるものではありません。一方で，保護の決定に直接関わらない生活課題の支援には本人の同意がないと効果が少ないことが多く，本人同意は必要となります。ここで本人が同意をしない場合には，本人が納得して同意できるように働きかけることもケースワークとなります。

すると，生活保護ケースワークには次の二つの場面があることが分かります。一つは，直接保護の決定（扶助の決定，返還金等の決定など）に関わるケースワークと，もう一つは直接保護の決定に関わらないケースワーク（ひきこもりの支援，介護サービス利用の支援，子どもの支援など）です。前者は最低限度の生活保障のために必要なケースワークであり，同意なくすべての被保護者が対象となりますが，後者は日常生活，社会生活の生活課題の支援に当たり必要なケースワークであり，その支援の同意が得られない場合には課題の解決は難しくなります。

このことは性質の異なる二つのケースワークをケースワーカーが行うことを意味します。これらのケースワークの法的根拠は，前者のケースワークについては直接保護の決定に関わることから法27条がその根拠と考えられます。法27条は被保護者が指示に従わない場合には，法62条により保護の廃止，停止などの不利益処分に繋がる可能性があります。

後者のケースワークの法的根拠は法27条の２と考えられます。法62条は法27条の２違反を対象としておらず，法27条の２は不利益処分に繋がらない保護要件に関わらない事項だからです。

（指導及び指示）

第27条　保護の実施機関は，被保護者に対して，生活の維持，向上その他保護の目的達成に必要な指導又は指示をすることができる。

２　前項の指導又は指示は，被保護者の自由を尊重し，必要の最少限度に止めなければならない。

３　第１項の規定は，被保護者の意に反して，指導又は指示を強制し得るものと解釈してはならない。

（相談及び助言）

第27条の２　保護の実施機関は，第55条の７第１項に規定する被保護者就労支援事業及び第55条の８第１項に規定する被保護者健康管理支援事業を行うほか，要保護者から求めがあつたときは，要保護者の自立を助長するために，要保護者からの相談に応じ，必要な助言をすることができる。

（指示等に従う義務）

第62条　被保護者は，保護の実施機関が，第30条第１項ただし書の規定により，被保護者を救護施設，更生施設，日常生活支援住居施設若しくはその他の適当な施設に入所させ，若しくはこれらの施設に入所を委託し，若しくは私人の家庭に養護を委託して保護を行うことを決定したとき，又は第27条の規定により，被保護者に対し，必要な指導又は指示をしたときは，これに従わなければならない。

> 2　保護施設を利用する被保護者は，第46条の規定により定められたその保護施設の管理規程に従わなければならない。
> 3　保護の実施機関は，被保護者が前2項の規定による義務に違反したときは，保護の変更，停止又は廃止をすることができる。（以下略）

しかし，二つのケースワークは実際の支援場面で，その適用に迷うことがあります。例えば面談の際，被保護者の虫歯の痛みがひどいことが分かったときに，ケースワーカーが歯科受診を勧めても被保護者が受診を拒む場合です。多くの場合は，歯科受診を拒むことで保護の要件や保護の決定に関わることはないことから，不利益処分を伴う法27条の指導指示とすることには疑問が生じます。しかし，法27条の2も「要保護者から求めがあつたとき」ではないことから該当しなさそうです。この場面で歯科受診を進める法的根拠を検討する実益があるのかという問題は生じますが，その根拠を考えるならば，歯科受診という医療扶助の決定に必要であり，「生活の維持，向上」のための法27条の指導・指示が根拠になると思われます。しかし，この場合は歯科受診を拒んでも（従わなくとも）法62条の不利益処分の対象とはされるべきではありません。法27条の指導，指示は不利益処分と常に連動しているわけではなく，生活状況の改善を求める場合など口頭にとどまる場合もあることが分かります[14)]。

3　二つのケースワークの関係

生活保護行政のケースワーク機能には，保護の決定の判断に必要なケースワークと保護の決定に直接関わらない生活課題の解決改善へ向けてのケースワークがありました。そこで，ケースワーカーの業務負担を減らすために，後者の保護の決定に直接関わらない生活課題の改善を目的としたケースワー

14）不利益処分は書面によって行われた指導又は指示に従わなかった場合でなければ行えない（生活保護法施行規則19条）ことから，口頭の指導・指示については不利益処分は行えない。

クを，福祉事務所外の機関などに外部委託することはできるのか，というケースワークの外部委託の議論が生じます。

しかし，このケースワークをケースワーカーから離してしまうと，ケースワーカーは日常の被保護者の状況や被保護者に生じる生活課題が分からなくなることから，適正な保護決定ができなくなる可能性があります。

保護の決定に関わるケースワークと生活課題を解決改善するケースワークは相互に関連性を持ち，ケースワーカーは一人の被保護者に対して前者の支援を行うに当たっては後者のケースワークを前提にすることが必要な場合もあり，また，後者の支援に当たっては前者の支援を要する場合があります。

例として，中学生の頃から不登校になり進学をせず，ひきこもり状態の16歳の子どもと不登校気味の小学生の子ども，健康な母親の３人世帯の場合を考えてみましょう。母親は健康ですから保護要件である稼働能力の活用の問題が生じます。この判断に当たっては，子どもの状況の理解が必要となり，子どもを支援する関係機関と検討した上で母親の稼働能力活用の有無を判断することになります。その結果，二人の子どものそれぞれの状況から母親には就労よりも子どもへの日中の寄り添いが必要なときには，母親には稼働能力の活用を求めない場合があります。一方で母親が子どもとの関係で「煮詰まっている」ことから，日中はパートなどを行い，子どもと距離をとることがふさわしい場合には母親に就労支援を行うこともあります。いずれも生活課題から保護要件にかかわる判断をすることになります。また，子どものひきこもりの支援に当たっては，生業扶助（高等学校等就学費，技能習得費），生活移送等の支給が必要な場合が生じることがありますが，この場合には子どもの生活課題の改善のために必要な扶助の給付の判断（保護の決定）を行うことで，子どもの自立支援が行われることになります。

同様に，アルコール依存症の被保護者に対しては，毎月の扶助費の支給とともに，保健，医療機関などの専門機関につなげ，さらに被保護者の状況を理解し必要な医療扶助，自助グループへの交通費などの各種扶助の支給を行うことがケースワーカーの役割となります。

このように，実際の生活保護行政の現場では二つのケースワークを切り離すことはできないのです。

第８　最低限度の生活保障と自立の助長

生活保護の目的は最低限度の生活保障と自立助長であり，被保護者すべてに健康で文化的な最低限度の生活保障は必要となります（憲法25条）。

すると，最低限度の生活保障と自立助長の関係はどのようなものでしょうか。生活保護は経済的に最低限度の生活ができない状況の人を支援する制度ですから，最低限度の生活保障は必須となります。そのうえで両者は最低限度の生活保障のための自立助長と，自立助長のための最低限度の生活保障との関係となり，最低限度の生活保障と自立助長とは互いに関連し合います。

これは，最低限度の生活のためには自立することが必要であり（ここでの自立の水準は一人ひとり異なります。），その人にとり適切な自立した生活をするためには最低限度の生活が営める経済的な保障が必要ということです。つまり，「健康で文化的な最低限度の生活」を営むためには，経済的保障（扶助）とともにその人にとり必要な自立（就労自立，日常生活自立，社会生活自立）の助長（支援）が求められ，「自立」した生活のためには，その支援と最低限度の生活を営める経済的保障（扶助）が必要なのです。

経済的な保障がなければ自立した生活どころではありませんが，適切な扶助の給付を行っても生活上の課題を放置していては，健康で文化的な最低限度の生活を行うことは難しいからです。

生活保護による自立助長は被保護者だけが対象であり，最低限度の生活保障を要する人のみに対する生活保護行政におけるケースワーカーの支援となりますから，最低限度の生活保障の範囲を超えて，あるいは最低限度の生活保障を行わないで自立助長だけが行われるわけではないことになります。

したがって，最低限度の生活保障に関わらない自立の支援は生活保護行政でケースワーカーが行う自立助長の範囲には入らないのです。このような場合は生活保護とは別の他法他施策による支援を受けるものと考えることが妥当と思われます。

この例として，ごみ屋敷状態の被保護者に対して健康で文化的な最低限度の生活のために，ごみを処分し衛生的な環境で生活できるようにケースワークを行い，関係機関と連携した支援を行うことはケースワーカーにとり必要なことです。そこでは，一時扶助の支給なども必要な場合があるかもしれません。その上で被保護者から，衛生環境がよくなった自宅を地域の人たちとの交流のために「お茶室」に改造したい，「お茶会」の段取りを支援してほしいとの希望があった場合はどうでしょうか。「お茶会」で地域の人たちと交流を持つことは社会生活自立と考えることはできますが，「お茶室」へ改造する費用の支給はできない場合が多いと思います。これは「最低限度の生活」の保障を超えていると考えられるからです。この場合でも，ケースワーカーは被保護者が社会生活自立を達成するために，地域の人々や関係機関に諮ることはあるかもしれません。しかし，ケースワーカーが「お茶会」の段取りを行うことは生活保護行政の本来の支援とはいえないように思われます。

また，高校進学についても子どもが希望する進学ができるようにケースワークを行い，必要な扶助を支給する必要があります。これも健康で文化的な最低限度の生活のために必要だからです。しかし，国際的な芸術家になるために高額な楽器や留学を希望しても，現在の生活保護行政では叶えることは難しく，ケースワーカーは関連分野の機関につなげることはできても，それ以上の具体的な支援は困難なように思われます。

自立の目標は人それぞれであり，どのような目標であれ否定するべきではありませんが，生活保護行政での支援には限界があり，ケースワーカーのケースワークも業務量や忙しさの問題とは別に限界はあるのではないでしょうか。

ケースワーカーの役割としては，保護の決定を行うとともに生活課題の解決，改善を図らなくてはならず，そのためにはケースワークが必要でしたが，ケースワーカーが日常的な生活支援を直接行うことはできませんし，専門的な課題の支援には精通していません。ケースワーカーが全ての課題の解決を行うことはできないのです。

社会生活自立，日常生活自立へ向けた積極的，具体的な支援の多くはその課題に対応する専門機関を中心とした支援が効果的であり必要となります。ケースワーカーは被保護者への家庭訪問や面接により，その生活課題とともに生活実態，被保護者の考えを把握，理解し，専門機関へのコーディネート，連携，協働などを行うことで，保護の決定に関わる事案が生じたときにその必要性の判断を行うことになります。

生活保護ケースワークとは，①健康で文化的な最低限度の生活保障とそのためのケースワークと，②被保護者に生じる課題，生活問題に対して専門機関につなげるケースワークと考えられます。法の目的である最低限度の生活保障と自立助長とは互いに関連し，最低限度の生活保障のために自立助長が検討され，自立助長のために最低限度の生活保障が行われることになります。貧困に陥った人に対し最低限度の生活を保障する適正な保護の決定とともに，生活課題改善のために必要なサービスや支援が受けられるように働きかけることが，ケースワーカーの役割なのです。

第９　ケースワーカーの支援の限界と困難

被保護者の生活上の課題に対応する社会資源がない場合や不十分な場合には，他に支援者がいないことからケースワーカーに対応を求められることがあります。このことは，生活保護行政の本来の役割ではない，生活保護行政が持たない機能や家族的な機能を要求されることになり，ケースワーカーの役割に混乱が生じることになります。これがケースワーカーの抱えている「どこまでやればよいか分からない」「何でもやらされる」の原因ではないでしょうか。

しかし，誰も支援する人がおらず被保護者が困る場合には，担当ケースワーカーとしては何らかの対応を図らざるを得ない場合が生じます。例えば，被保護者一人だけでは通院ができず通院同行介助を要する場合です。他法他施策でも通院同行者がいない場合や医療扶助による付き添い者がいない場合などにケースワーカーが通院同行介助を依頼される場合があり，通院同行介助を行うことがあります。通院交通費の支給や付き添い者の日当の支給であれば医療扶助としての給付はケースワーカーの役割ですが，通院同行介助はケースワーカーの本来の役割ではないことから，ケースワーカーに悩みが生じることになります。

しかし，被保護者でない人が同じ状況になった場合はどうなるのでしょうか。誰が支援するのでしょうか。被保護者に生じる日常生活，社会生活上の課題が問題になる場合の多くは被保護者か否かの問題ではなく，他法他施策の支援システムが不十分か，機能しないか，存在しない場合なのです。このことから，ケースワーカーが大きな負担を抱えることになるように思われます。

これが第３章で紹介された事例の困難さの大きな原因ではないでしょうか。

第10　ケースワーカーの役割

生活保護の目的は最低限度の生活保障と自立の助長でした。最低限度の生活保障については経済給付としての重要性を否定する議論はみませんし，最低限度の生活を保障しない生活保護はあり得ません。その上で，生活保護ケースワークとは，①適正な最低限度の生活保障の給付とそのためのケースワークと，②被保護者に生じる専門的な課題，生活問題に対して専門機関につなげるケースワークでした。しかし，専門機関等につながることを拒む場合や，他法他施策での支援を拒む被保護者もいます。このときも関係機関につながることや他法他施策を利用することが，より生活しやすくなることを，拒む理由や心情に配慮しながら納得できるように説明することもケースワークであり支援といえます。

法立案者は，最低限度の生活保障とともに自立助長を目的の中に含めたのは「人をして人たるに値する存在」たらしめるには，最低限度の生活の維持だけでは十分ではなく，その人をしてその能力にふさわしい状態において社会生活に適応させることこそ，真実の意味において生存権を保障するゆえんである，と述べています。[15] 筆者も同感しますが，さらに述べるならば，生活保護の役割は人の尊厳を保持し，貧困により失った尊厳を取り戻すことではないかとも考えます。

食事ができない，住む家がない，病院に行けない，介護を受けられない状態では尊厳を保持することはできません。そこで生活保護は扶助の支給＝経済給付で人の尊厳を支えているのです。しかし，生活保護の経済給付だけでは尊厳を保持できない場合もあります。生活保護費は受け取っているものの，ごみ屋敷で生活する人，近隣とトラブルを繰り返す疾病や障害のある人，介護サービスを拒み不衛生な状態で生活する人……。この人たちは他の社会保障，社会福祉施策の様々な給付やサービスの支援を受けることも必要であり，生活保護の支援だけでは尊厳を取り戻すことは難しいように思われます。

すると，ケースワーカーの業務，役割とは，貧困に陥った人に対し，最低限度の生活を保障する適正な保護の決定（これは毎月の扶助の支給だけでなく，一時扶助などの支給，返還金決定の際の控除も含まれます）とともに，必要なサービスや支援が受けられるように働きかけることなのです。生活保護行政，ケースワーカーは家族的機能は持ちませんし，被保護者が求めるすべてのサービスや給付を担うこともできません。また，専門的知識を要する分野での支援を行うことは難しいと思います。生活保護行政にもケースワーカーにもそのような機能がないからです。だからこそ，被保護者の状況を知る立場のケースワーカーには他の機関や施策，サービスにつなげる，コーディネートする機能が求められているのです。

これらの点があいまいになっているため，ケースワークの外部委託，ケースワーカーに対する家族的機能の要求などが生じるのです。

15）小山進次郎『改訂増補 生活保護法の解釈と運用』（中央社会福祉協議会，1956）92頁

しかし，ケースワーカーの本来の業務以外の行為について要求がされるのは前述のとおり，被保護者を支援する機関，支援をする人がいない場合や，支援する制度自体がないか不十分な場合です。被保護者の要求自体が不適切な場合もありますが，被保護者にとり切実な場合もあります。つまり，他法他施策で支援ができない場合や困難な場合にケースワーカーに対応が求められるのです。

被保護者を担当するケースワーカーは逃げることができないため，機能がないにもかかわらず何らかの対応を行わざるを得ないこととなり，大きな負担の原因ともなります。

別の見方をするならば，「生活保護を受給していなければ誰が行うのか」ということです。つまり，被保護者（とともに生活課題を有する住民一般）に対する支援施策が不十分なために生じることで，問題は生活保護行政にあるのではなく地域での支援システムの不備なのです。したがって，この問題は被保護者の責任ではありませんしケースワーカーの責任でもありません。支援するシステムが不十分，あるいはその被保護者には適用できないために「支援困難」が生じているように思います。

このように考えると「支援困難」とは住民の生活課題に対する，社会保障制度，社会福祉制度の中での支援施策の不十分性から生じており，それにもかかわらずケースワーカーがその対応を行わざるを得ないという矛盾から生じた問題であるように思われます。そうであるならば，ケースワーカーは被保護者＝住民の生活課題に対する支援施策の不十分性に直接向き合い，その問題の重要性を理解することのできる自治体職員ということになります。

すると，ケースワーカーは「支援困難」事例により，地域社会の社会福祉施策の課題を明らかにする機能も有しているのではないでしょうか。

おわりに

本書では生活保護の「支援困難」事例を通して，生活保護行政の状況から生活保護ケースワーク，ケースワーカーの役割について検討してきました。

ケースワーカーのオーバーワークについては，その大きな原因である担当世帯数の多さについてみてきましたが，この問題は福祉事務所やケースワーカーを設置した当初から生じていた問題でした。直接の原因には国の財政問題，公務員の人員削減等がありましたが，その背景には当時の政治家や官僚たちに，ケースワーカーが行う生活保護業務に対する理解の浅さがあったように思われます。

生活保護に要する費用負担を国とするのか地方自治体とするのかは重要な問題です。このことについて，法立案者はその費用は原則として国が全額を負担するということになるが，都道府県，市町村も住民の保護に当然責任を負うという考えによりそれぞれの分担をすることになったと説明をします。しかし「さらに」として，生活保護を地方公共団体の長に当たらせる現状の下では，「この事務処理の適否が地方公共団体の財政に影響を及ぼすようにしておく方がその取扱いを慎重ならしめ，濫給が自ら抑制される点において効果的であるという利点」とも述べています[1]。つまり地方自治体に財政負担を課すことで，保護が抑制されることを狙っていたということです[2]。

このような実際に保護を実施する現場に負担をかけ，被保護人員を抑制させるという考え方を見ると，ケースワーカーの人員問題についてもケースワーカーに負担を課すことで，被保護世帯の増加を抑制する狙いもあったようにも思われます。結果として，現在生じているケースワーカーのオーバー

1）小山進次郎『改訂増補 生活保護法の解釈と運用』（中央社会福祉協議会，1951）772頁

2）小山進次郎『改訂増補 生活保護法の解釈と運用』（中央社会福祉協議会，1951）774頁

ワークが，違法な申請抑制等の要因の一つとなっているのではないでしょうか。

オーバーワークの弊害は事務処理だけの問題ではありません。第３章でも被保護者への支援に支障が生じることが指摘されていますが，ケースワーカーの孤立や歪んだ被保護者観を生む要因ともなります。

筆者がケースワーカーの時の経験ですが，支給された保護費を飲酒に使ってしまったため，保護費の追加支給を求めてきた被保護者がいました。筆者が事情を聞こうとすると「ケースワーカーなんだからポケットマネーを出せ」と凄みます。それを断ると顔に唾を吐きかけられました。また，病院内で看護師にわいせつ行為を行い強制退院となった被保護者は，数日後来所し「入院させろ」と大声で騒ぎました。この他にも，一時扶助をギャンブルで使ったうえで再支給を要求したり，鞄に入れた包丁を見せながら「保護費を数か月分前貸ししろ」等と言われたこともあります。

このようなことは，ある程度のケースワーカー歴のある方ならば経験しているのではないでしょうか。もちろん，極一部の被保護者による行為ですがケースワーカーの大きなストレスとなり，生活保護に対する不全感を抱かせる要因となります。本人なりの事情や福祉事務所側も検討すべき問題はあるかとは思いますが，このようなときに当該ケースワーカーの気持ちを同僚のケースワーカーや査察指導員がきちんと受け止め，感じている理不尽さを理解して相談や話し合うことは必要です。しかし，ケースワーカー全体が過重な世帯数を担当させられオーバーワークの状態では自分の業務を行うことに精一杯になり，福祉事務所内での相互のフォローが行えないことが生じます。そのため，ケースワーカーは孤立し，精神的負担が積み重なるとともに，誤った被保護者観を醸し出す要因になりかねません。また，冷静な判断ができず事態がより悪化することもあります。

ケースワーカーの役割，生活保護ケースワークについても「支援困難」の事例を基に検討を行ってきました。現在の生活保護行政での自立は，就労自立，社会生活自立，日常生活自立と整理されています。どのような自立を目指すのかは被保護者本人自身の考えによるべきものです。すると，保護からの脱却という自立内容がわかりやすい就労自立とは異なり，自立内容が多岐にわたる社会生活自立，日常生活自立については，被保護者それぞれが希望する自立目標が生じることになります。しかし，最低限度の生活を維持できない人を対象としている生活保護では，本人の希望通りの無制限な自立支援は難しいと思います。

つまり，生活保護行政の自立支援とは，最低限度の生活保障を踏まえた自立の支援にならざるを得ず，そこが限界かもしれません。例えば，ごみ屋敷などで不衛生な生活状態，ひきこもり，不登校，拒薬の障害者などは保護費の支給だけでは健康で文化的な最低限度の生活を行えない可能性が高いことから，これらの被保護者には生活保護行政の自立支援は必要だとは思います。しかし，最低限度の生活を維持するものではない場合には生活保護行政の範囲を超えていると思います。この場合は，最低限度の生活保障を目的とする生活保護ではなく，他の支援施策による支援が必要なのです。

社会生活自立，日常生活自立が生活保護の目的となり，様々な生活課題が可視化されやすくなったことで，被保護者だけでなく関係者等からもケースワーカーへの要望が増え，ケースワーカーの役割，生活保護ケースワークの範囲についての判断が難しくなったように思われます。

本書刊行の契機のひとつに，生活保護ケースワーカーと行っている支援困難事例の研究会での議論があります。この研究会はケースワーカーが支援に当たり苦慮する事例，どのようにしてよいか分からない事例などについての支援方法の検討を行うもので，筆者が福祉事務所から大学に移籍した2011年から始まりました。

研究会のメンバーには複数の自治体のケースワーカー，査察指導員が参加しているため，事例検討の中で地域による社会資源の違い，福祉事務所ごとの判断基準や異なる事務処理方法などが分かり，生活保護行政を広く見ることができるようになりました。

研究会では，ケースワーカーが実際に困り，悩んでいる事例について分析と支援のあり方を議論し，具体的な支援方法の検討や，ときには研究会で検討された支援方法や方針がその後，実際にどのように行われ，どのような結果となったのか等の報告を受け，さらにその検討も行っています。また，ケースワーカーの役割，生活保護におけるケースワークについても毎回議論となりました。

このような検討を進める中で，「支援困難事例」とは，被保護者側だけでなく支援を行う福祉事務所や関係する支援機関の組織的問題，あるいはケースワーカーや査察指導員，管理職，関係する機関の支援者自体にも問題がある場合もあることがわかってきました。

つまり，被保護者の問題だけに焦点を当てても「支援困難事例」の課題の解決には至らない場合もあり，「支援する側」についての検討も必要ということになります。さらに，制度自体が課題解決の阻害要因となっている場合もあります。

本書は刊行までにかなりの時間を要しました。その原因は筆者の考えの揺れにあります。研究会では，毎回真剣な中にも和気あいあいと事例検討の議論が行われましたが，その議論に参加する都度，ケースワーカーの苦労と悩み，被保護者の生きにくさと辛さ，ときには査察指導員や管理職のケースワーカーや被保護者への理解（あるいは無理解），関係機関の積極的な支援と協働（あるいは無関心と無責任，責任転嫁）を感じ，その背景，原因を検討することで，「支援困難事例」「ケースワーカーの役割」の深刻さと重要性を考えることの繰り返しとなり，原稿が前進，後退の連続となりました。

本書の刊行に当たっては支援困難事例の研究会に参加しているケースワーカーを中心に各地のケースワーカーの方から「支援困難事例」の支援報告をいただきました。また，各地の研修や研究会でのケースワーカーや査察指導員の皆さまとの議論も大変参考になりました。本書は生活保護行政の最前線にいるケースワーカー，査察指導員の皆さまの実践の中から生まれたものといえます。

あらためてケースワーカー，査察指導員の皆さまに御礼申し上げます。

日本加除出版の牧陽子さんには大変お世話になりました。牧さんには筆者の前著『生活保護ハンドブック「生活保護手帳」を読みとくために』からお世話になり，今回も的確で丁寧な助言をいただきました。ありがとうございました。

本書が生活保護行政に携わる皆さまの一助になれば幸いです。

2023年４月

池　谷　秀　登

著 者 紹 介

編著者

池谷　秀登（立正大学社会福祉学部教授）

東京都内の福祉事務所にて32年間生活保護ケースワーカー，査察指導員として生活保護行政に携わる。

主な編著書に

『生活保護と就労支援　福祉事務所における自立支援の実践』（山吹書店，2013年）

『事例から考える就労支援の基礎―生活保護行政とケースワーク』（萌文社，2016年）

『生活保護ハンドブック　「生活保護手帳」を読みとくために』（日本加除出版，2017年）

『生活保護ソーシャルワークはいま　より良い実践を目指して』（ミネルヴァ書房，2017年）

『生活保護ケースワーカーのあなたへ』（全国社会福祉協議会，2020年）

執筆者（第３章）

磯山　明哲　（東京都世田谷区世田谷福祉事務所）
髙野　正秀　（新潟県南魚沼市福祉事務所）
中嶋　あゆみ（長野県小諸市福祉事務所）
楢府　憲太　（埼玉県ふじみ野市福祉事務所）
松尾　三千香（東京都板橋区赤塚福祉事務所）
箕輪　亜由美（新潟県見附市社会福祉事務所）
矢吹　翔太　（東京都目黒区福祉事務所）
横田　敏　　（東京都板橋区板橋福祉事務所）

（五十音順・所属は執筆当時）

支援困難事例から考える生活保護ケースワーク

2023年5月29日　初版発行

編著者　池　谷　秀　登
発行者　和　田　　　裕

発行所　日本加除出版株式会社
本　　社　〒171－8516
東京都豊島区南長崎3丁目16番6号

組版　㈱郁文　　印刷　㈱精興社　　製本　牧製本印刷㈱

定価はカバー等に表示してあります。
落丁本・乱丁本は当社にてお取替えいたします。
お問合せの他、ご意見・感想等がございましたら、下記までお知らせください。

〒171-8516
東京都豊島区南長崎3丁目16番6号
日本加除出版株式会社　営業企画課
電話　03-3953-5642
FAX　03-3953-2061
e-mail　toiawase@kajo.co.jp
URL　www.kajo.co.jp

Printed in Japan
ISBN978-4-8178-4871-0